북한 대남 침투도발사

차례
Contents

들어가며

북한의 대남 침투도발에 대한 새로운 인식

북한은 1953년 정전협정을 통하여 군사적 도발 중지와 정전협정 준수를 약속하였지만 대남 도발은 계속되었다. 특히 2010년도 천안함 피침과 연평도 포격 도발은 과거 60여 년 동안 자행해 왔던 침투도발과는 수단 방법과 도발 수준에서 완전히 다른 유형이었다. 즉 『손자병법』의 "공기출의 공기무비(功其出意 攻其無備: 뜻하지 않은 시간 장소에 출격하여 준비되지 않는 곳을 공격)"로 기습을 달성하는 '한반도판 9·11 테러'라고 할 수 있다. 북한은 대남 도발을 "우리식 사회주의 유지에 대한 위협을 차단하기 위한 응전(應戰)"이라고 강변하고 있다. 이는 북한 세습독제체제가 존속하는 한 언제라도 천안함 피침과 연평도 포격 같은 기습적인 대남 도발을 할 수 있다는 것을 말해 준다.

정전 이후의 남북한 관계는 북한의 대남 도발과 이에 대한 우리의 대응 역사라고 해도 과언이 아니다. 이러한 관점에서 정전 이후 북한의 대남 도발 역사는 한반도 현대사를 이해하는 데 핵심적인 영역이라고 할 수 있다. 그러나 우리는 6·25 전쟁 등 많은 국내외 전쟁사 연구가 있었지만 '북한의 대남 도발사'에 대한 연구와 저술은 부족하였다. 또한 북한의 대남 도발에 대해서 그 당시는 국민들의 공분을 일으키고 많은 교훈을 일깨워 주었지만 시간이 지나면 잊어버리고 대비태세에 소홀하여 또다시 북한의 도발을 당하곤 하였다.

이러한 문제인식으로 이 책은 '북한 대남 도발의 교훈에 대한 망각은 국가안보에 가장 큰 적'임을 깨우쳐 주는 계기를 마련하는 데에도 큰 의미가 있다. 아울러 북한의 대남 도발사가 남북한 관계와 역사와도 직결되고 있음을 고려해 볼 때 대한민국 근대사 연구에서도 매우 중요한 영역이다. 따라서 본 집필은 정전 이후 북한의 대남 침투도발사를 분석하고 시대별로 종합 정리하여 역사적 자료와 교훈을 찾고자 하는 데 의의가 있다.

　이 책은 전쟁사와 한국의 근대사 연구라는 관점에서 객관성과 자료의 신뢰성이 무엇보다 중요하다. 따라서 집필자는 개인 의견의 서술보다는 공식적인 자료인 합동참모본부와 육군군사연구소『대침투작전사 시리즈』, 각 부대의 전투상보(戰鬪狀報) 및 부대사 등을 인용하였고, 증언과 현장 확인을 하는 데 많은 노력을 기울였다.

　"깨닫지 못하는 자에게 역사는 반복된다"라는 교훈을 되새기며 이 책이 북한의 대남 도발에 대한 실체를 이해하고 정확하고 진실된 역사 인식을 갖게 되는 데 기여할 것으로 본다. 아울러 변화하지 않고 있는 북한의 대남 적화야욕과 일본을 비롯한 주변국의 역사왜곡과 침략사에 대해서도 경각심을 일깨워 주기를 기대한다.

6·25 전쟁과 정전협정[1]

정전협정 조인

정접협정은 1953년 7월 27일, 즉 6·25 전쟁이 발발한 지 3년 1개월 2일째, 그리고 1951년 7월 10일 휴전회담을 개시한 지 2년 18일 만에 조인되었다. 정전협정 조인식은 휴전회담 유엔군 측 수석대표 '해리슨(William K. Harrison Jr.)' 소장과 공산군 측 수석대표인 '남일'이 판문점에서 먼저 서명하고, 양측의 최고사령관으로서 유엔군 사령관인 '클라크(Mark W. Clark)' 대장과 북한군 최고사령관으로서 '김일성'과 중국군 사령관인 '펑더화이(彭德懷)'가 최종 서명을 하였다. 정전

정전협정 문서에 서명하고 있는 양측의 수석대표(왼쪽이 해리슨, 오른쪽이 남일)와 서명

협정 조인 일시는 1953년 7월 27일 오전 10시 정각이었으며, 협정 발효 시점은 이날 22시로 하기로 합의하였다. 따라서 27일 22시 01분부터는 모든 적대 행위를 중지하고 병력 및 장비들은 비무장지대로부터 철수를 개시하게 되었다. 정전협정 문서는 영어, 중국어, 한국어로 작성되었으며, 각각 6부씩 18부에 서명 후 교환하였다.

군사분계선과 비무장지대 설정

"정전협정의 첨부 문건과 임시 보충협의의 일체의 기타 조항들도 정전과 동시에 일률적으로 효력을 발휘하였으며, 모든 군사 역량과 보급과 장비는 정전협정이 발효된 후 72시간 이내에 비무장지대(DMZ, Demilitarized Zone)에서 철수한다"[2]라고 규정되어 있었기 때문에 다음 날인 7월 28일 아침부터 전선의 국군과 유엔군 부대들은 현 위치에서 뒤로 물러나기 시작하였다. 이에 따라 국군과 유엔군은 군사분계선(MDL, Military Demarcation Line) 이북에 위치한 동서 해안의 도서(島嶼)로부터 철수를 개시하였고, 포로송환을 위해 거제도와 제주도 일대에 수용되어 있던 북한군 포로 3,600명과 중국군 포로 1,200명을 대형 상륙함(LST)에 승선시켜 인천으로 수송하기 시작하였다.

유엔군 측과 공산군 측은 정전협정에 따라 군사분계선과 비무장지대 설치 작업에 들어갔다. 정전협정에서 "군사분계선을 확정하고 양측이 이 선으로부터 각각 2킬로미터씩 철수함으로써 적대 군대 간에 비무장지대를 설정하고 정전협정이 효력을 발생한 후 양측은 72시간 내에 일체의 군사력, 보급 및 장비를 비무장지대로부터 철거한다"라고 합의하였다. 이는 비무장지대를 적대행위의 재발을 방지하기 위해 완충지대(buffer zone)로 활용하기 위함이었다.

정전협정에 설정된 군사분계선의 위치는 한강 하구-임진강 하구(문산서남 8킬로미터)-판문점-고양대-유정리(철원 북쪽 12킬로미터)-하감령-밤성골-문등리-신탄리-수령-동해안 감호(남쪽 1킬로미터)를 잇는 선이었다. 군사분계선은 지도상에 표시된 선으로 철책선이 가설되지 않았다. 단지 남북한의 경계를 표시하기 위한 표식물이 군사분계선 155마일(약 249킬로미터)을 따라 200미터 간격으로 설치되었다. 서부전선에서부터 동부전선까지 설치된 표식물의 수는 모두 1,292개였다. 군사분계선을 중심으로 2킬로미터 북쪽에는 북방한계선이 설정되었고, 2킬로미터 남쪽에는 남방한계선이 설정되었다. 여기에 우리 군은 철조망과 지뢰 등 장애물을 설치하고, 침투 및 도발을 차단하기 위해 경계근무를 실시하고 있으며, 이를 우리는 지금 '전방철책선'이라고 한다.

양측은 군사정전위원회(MAC, Military Armistice Committee)의 감독하에 군사분계선과 남방·북방한계선을 따라 규정된 표지물을 설치하여 경계와 관리는 물론이고 그 책임구역을 명확히 식별할 수 있게 하였다. 한강 하구에 대해서는 한쪽 강안이 일방의 통제하에 있으며, 다른 한쪽 강안이 다른 일방의 통제하에 있는 곳은 양측의 민간 선박 항행(航行)을 위해 중립지대로 개방하도록 하였다. 한강 하구의 항행규칙 또한 군사정전위원회가 규정하도록 하였다. 다만 양측의 민간 선박이 항행함에 있어 자기 측의 군사통제하에 있는 육지에 배를 대는 것은 제한을 받지 않도록 하였다.

양측은 비무장지대 내에서 어떠한 적대행위도 강행하지 못하도록 규정하였다. 또한 이 지역에서의 출입도 통제하였다. 즉 군사정전위원회의 허가를 받고 들어가는 인원과 '민사행정·구제사업(conduct of civiladministration and relief)'의 집행에 관계되는 인원을 제외하고는 어떠한 병력이나 민간인도 군사분계선을 통과하지 못하도록 규정하였다. 민사행정·구제사업(救濟事業)은 비무장지대 내의 군사분계선 남쪽 지역은 유엔군 사령관이 책임을 지며, 그 북쪽 지역은 북한군·중국군 사령관이 공동으로 책임을 지도록 하였다. 또 민사행정 경찰의 인원수와 휴대무기에 대해서는 군사정전위원회에서 규정하고, 기타 인원은 군사정전위원회의 허가 없

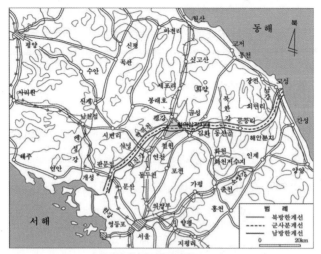

군사분계선과 비무장지대(1953.7.27)

정전협정에 규정된 군사분계선 표식

11

이는 무기를 휴대할 수 없도록 규정하였다.

또 후방과 연해제도(沿海諸島)및 해면(海面)으로부터 모든 군사력, 보급물자 및 장비를 철수하도록 하였으며, 만일 양측의 동의 없이, 또한 철수를 연기할 합당한 이유 없이 기한이 넘어도 이러한 군사력을 철수하지 않을 경우 상대방은 치안유지를 위해 필요하다고 인정하는 어떠한 조치라도 취할 권리가 있다. 정전협정에 규정된 연해제도란 정전협정이 발효되는 시점에 비록 어느 일방(onside)이 점령하고 있더라도 1950년 6월 24일 상대방이 통제하고 있던 도서(島嶼)들을 지칭한다. 단 황해도와 경기도의 도계선(道界線) 북쪽과 서쪽에 있는 모든 섬 중에서 백령도, 대청도, 소청도, 연평도 및 우도를 제외한 기타 모든 섬은 공산군 측의 군사통제하에 두며, 서해안에 있어서 상기 경계선 이남에 있는 모든 섬은 유엔군 군사통제하에 두도록 규정하였다.

양측은 공동감시소조(JOT, Joint Observer Team) 운영, 비무장지대 관리, 포로(POW, Prisoners of War) 및 중립국감시위원회(NNSC, Neutral Nations Supervisory Commission)의 수용시설 설치 문제, 그리고 송환을 희망하는 포로들을 8월 5일부터 교환하는 것에 대해 합의하였다. 또한 유엔군 측은 정전협정에 명시된 동해안과 서해안의 도서들로부터 철수하였다. 이에 따라 서해안에서는 유엔군 사령관의 군사적 관할로 남게

된 서해 5도(백령도, 대청도, 소청도, 연평도, 우도)를 제외한 경기
도와 황해도의 도계(道界) 북서에 있는 도서들로부터 철수하
였고, 동해안에서는 비무장지대 남방한계선 이북에 있는 도
서로부터 8월 2일 이전에 철수를 완료하였다. 이는 정전협
정 발효일로부터 10일 이내에 철수하도록 정전협정에 규정
되어 있었기 때문에 유엔군은 이들 도서로부터 가급적 빨리
철수하였던 것이다.

이로써 1945년 8월 15일 일본군 무장해제를 위해 연합국
에 의해 38도선으로 분단되었던 한반도는 정전협정이 조인
됨에 따라 '군사분계선' 또는 '휴전선(休戰線)'이라는 새로운
이름으로 분단되기에 이르렀다. 이로써 군사분계선은 정전
체제하에서 한반도 분단의 새로운 역사를 시작하게 되었다.

정전관리기구의 설치

정전관리기구는 군사정전위원회와 중립국감시위원회로 분리할 수 있으며 〈표-1〉과 같이 편성되었다.[3]

정전협정은 유엔군 측과 공산군 측이 한반도에서 평화적 해결이 달성될 때까지 적대행위와 일체의 무장행동의 금지를 보장할 것을 다룬 문서이다. 이는 정전을 위해 양측의 군사령관 간에 이루어진 협정으로 군사적 성격을 띠고 있었다. 정전체제하에서의 모든 감시 책임은 군사정전위원회에게 주어졌다. 군사정전위원회의 전반적인 임무는 정전협정의 이행을 감독하고, 위반 사건을 공동으로 협의하여 처리하는 것으로서 구체적인 권한과 임무에 대해서는 정전협정에

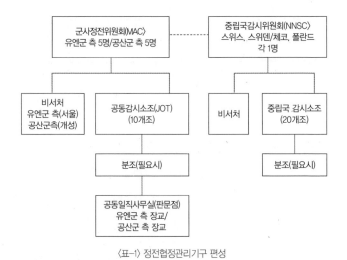

<表-1> 정전협정관리기구 편성

다음과 같이 규정되어 있다. ① 적대 쌍방 간에 공동체로 운용한다. ② 필요하다고 인정하는 절차 규정을 채택한다. ③ 정전협정 중 비무장지대와 한강 하구에 관한 각 규정의 집행을 감독한다. ④ 공동감시소조의 사업을 지도한다. ⑤ 양측 사령관의 연락처로 운용한다. ⑥ 정전협정의 제반 위반사건을 협의하여 처리한다. ⑦ 중립국감시위원회로부터 받은 정전협정 위반사건을 조사한다. ⑧ 공동감시소조의 증명, 문서 및 휘장, 각종 차량과 비행기 및 선박의 식별표지를 발급한다. 군사정전위원회는 모두 10명의 고급장교로 구성되었다. 양측은 5명의 위원 중 3명은 장군 또는 제독(flag rank)으

로, 2명은 소장, 준장 또는 대령으로 임명하도록 하였다.

중립국감시위원회의 임무는 정전협정 조인 후 한반도에서 새로이 군사력을 증강시키는 것을 금지시키는 일이었다. 중립국감시위원회는 스위스, 스웨덴, 폴란드, 체코슬로바키아 4개국으로 구성되어 활동하였다.

이를 위해 중립국감시위원회는 지정된 남한과 북한의 5개 출입항인 인천, 대구, 부산, 강릉, 군산과 북한의 신의주, 청진, 흥남, 만포, 신안주를 통해 교체되는 병력과 군사장비 및 탄약에 대해 감독, 시찰, 조사를 실시한 후, 그 결과를 군사정전위원회에 보고하였다.

중립국감시위원회는 4명의 고급장교로 구성되었다. 그중 2명은 유엔군 측에서 지명한 스위스와 스웨덴이 임명하고, 다른 2명은 공산군 측에서 지명한 폴란드와 체코슬로바키아가 임명하였다. 중립국감시위원회의 위원은 필요에 따라 보조인원을 사용할 수 있었는데, 이들 보조인원은 감시위원회의 후보위원으로 임명될 수 있었다.

중립국감시위원회는 최초 20개의 '중립국 감시소조'를 설치하되, 이 중 남북한의 지정된 출입항에 각각 5개 조씩, 10개 소조를 주재시키고, 나머지 10개 소조는 이동감시소조로서 중립국감시위원회 본부 부근에 주재시키도록 하였다. 이동감시소조의 수는 군사정전위원회의 양측 수석위원의 합의를 거쳐 감소할 수 있었다. 또 군사정전위원회의 어느 한쪽 수석위원의 요청에 따라 파견되는 이동감시소조는 언제나 그 반수를 초과할 수 없게 하였다. 중립국 감시소조는 오직 중립국감시위원회에 대해서만 책임을 지고, 보고 및 지도를 받았다.

1950년대 북한의 대남 침투도발

시대적 상황과 침투도발 전개양상

1953년 7월 27일 마침내 휴전협정이 조인되어 동족상잔의 6·25 전쟁이 중지됨으로써 외면상의 평온을 되찾았으나, 북한은 휴전협정을 무시하고 병력 증강과 신무기 도입, 비행장 건설 등 또다시 전쟁 준비에 광분하면서 중국군의 압록강 북안으로의 철수에 상응한 유엔군 철수를 요구하였다. 국군은 휴전에 방심하지 않고, 전시와 같은 결전 태세의 완비와 전력 강화에 박차를 가하는 한편, 보유 전력을 효율적으로 발휘할 수 있도록 전력을 정비하여 야전군 사령부를 창설하고, 일사불란한 지휘체제를 확립하였다. 그리고 1954년에 체결된 '한·미의정서'에 의해 72만 명의 군이 유지되었으나 1957년도에 미국 측으로부터 10만 병력 감축 제안이 있어 63만 명으로 감축하면서 그에 상응하는 군 장비의 현대화 사업에 주력하였다.

이러한 남북한의 시대적 배경에서 북한은 적화통일을 위해 위장평화공세와 대남 도발 및 간첩, 테러 등 화전양면전술(和戰兩面戰術)을 전개하였다. 특히 6·25 전쟁 중 우리의 후방 지역에서 남로당에 의한 봉기와 유격전이 잘 전개되지 않아 후방에서 제2전선을 형성할 수 없었다는 것을 지적하면서 후방 지역에 대한 교란을 위해 무장공비와 간첩들을 남파하고 테러 및 납치를 적극적으로 전개하였다. 정전 이후 1956년 9월까지 3여 년 동안 249건의 대간첩 작전 및 검거로 375명의 북한 남파간첩을 체포한 것은 그 실증적 근거가 된다.[4]

북한은 1956년 4월 23일 노동당 제3차 전당대회에서 '평화통일 선언문과 신5개년 계획'을 발표 등 평화공세를 전개하면서 무장간첩 남파를 계속하였다. 또한 1957년 11월 11일에는 동해에서 어업 중이던 우리 어선 8척을 납치한 이후 간첩선과 무장공비 남파, 테러 등이 계속되었다.

창랑호 납북 및 공군기 납북 시도

　창랑호 납북은 1958년 2월 16일 11시 30분 부산 수영비행장을 출발한 대한민국항공공사(KNA: KAL 전신) 소속 쌍발여객기(DC-3)가 서울로 운항하던 중 승객 28명과 승무원 4명을 태운 채 북한 무장간첩에 의해 강제 납북된 사건이다. 북한은 납치 다음날에 평양방송을 통해 "남한의 전쟁 정책에 반대한 남조선 인민의 의거 입북"이라고 허위 선전을 하였다. 그러나 북한은 비무장 민간비행기 납치를 규탄하는 세계 여론이 비등해지자 3월 6일에 조종사, 승무원과 가족 8명을 범인으로 조작하여 억류하고 승객 26명만 송환하였다.

　한편 1958년 4월 10일, 창랑호 납북사건 한 달여 만에 또다시 공군 C-46 수송기의 납북을 시도하였다. 대구를 출발

1958년 2월에 납치된 KNA와 동종의 DC-3기와 1958년 4월 공군 C-46 수송기의 납북을 저지한 조종사/부조종사

하여 서울을 향하던 수송기가 평택 상공을 지날 무렵 북한 간첩인 현역 공군 대위 최정일이 미국제 콜트(Colt) 45구경 권총으로 통신사 김상호 하사를 살해한 후 월북을 강요하였다. 그러나 조종사 김갑규 대위와 부조종사 최병린 중위, 정비사 천병훈 중사에 의해 제지당하고 실패하였으며, 범인은 군사재판소에 회부되어 사형을 언도받았다.

1960년대 북한의 대남 침투도발

대내외 정세

1960년대의 국제 정세는 미·소 두 초강대국이 첨예하게 대립하던 시기였다. 제2차 세계대전 이후 세계는 미국을 중심으로 한 자유 진영과 소련을 중심으로 한 공산 진영으로 양극화되어 대립하는 냉전의 양상을 띠고 있었다. 이러한 냉전체제는 1950년대 6·25 전쟁과 1960년대 월남 전쟁을 겪으면서도 계속 심화되었다. 냉전기의 국제정치 구조는 대부분의 국가들이 자유 진영과 공산 진영으로 분류되고 중립 국가들은 소수에 지나지 않았다. 소련에 의한 공산권 국가

들에 대한 지배권과 통제력은 자유 진영과는 비교되지 않을 정도로 강화되었다. 소련의 지배권에서 이탈하거나 지시를 따르지 않는 국가는 침공까지도 서슴지 않았다. 이에 비해 자유 진영의 경우 미국의 통제력은 소련의 통제력과는 비교할 수 없을 만큼 느슨하였으나 정치·경제·군사적 요인 때문에 결국 대다수의 국가가 미국에 의존할 수밖에 없었다.

1960년대 중반부터 미·소의 지도력에 대하여 프랑스와 중국의 도전이 노골화되면서 국제 정세는 양극화 시대에서 다극화 시대로 접어들기 시작하였다. 중국은 독자적으로 핵무기를 개발하고 소련을 견제하면서 공산 진영 내에서 서로 대립하는 관계를 형성하였다. 프랑스도 미국의 반대를 무릅쓰고 독자적 핵무기 개발에 성공하면서 1964년 1월 중국을 승인함으로써 자유 진영 내에서 미국과 대립하였다. 노동당의 윌슨(Harold Wilson) 총리가 집권한 영국도 '행동의 자유'를 선언하였고, 일본 정부도 '자주 외교'를 표방하는 등 '다극화' 현상이 본격화하였다. 이에 따라 냉전체제의 위력이 점차 약화되고 이데올로기를 초월한 국익의 추구가 우선하는 조짐을 보이게 되었다.[5]

한편 국내 정세는 1950년대 후반 6·25 전쟁으로 인한 전후 복구 및 경제적 빈곤으로 국민의 생활은 궁핍하기만 하였다. 그럼에도 자립적인 경제 기반의 수립은 요원한 일이었고, 많은 부분을 외국의 원조에 의존할 수밖에 없었으며, 산업도 저급한 국내 소비재 생산이 경제의 주류를 이루고 있었다. 또한 이 시기에는 근대화에 필요한 자본과 기술, 인력 가운데 어느 것 하나도 갖추지 못하고 있었고, 정치적으로도 자유민주주의 체제에 대한 올바른 이해와 적응력이 부족하여 국민의 자유를 외치던 자유당 정권은 권위적이고 부패한 독재정권으로 치닫고 있었다.

1960년 '3·15 부정선거'로 촉발된 마산의 학생시위가 급기야 '4·19 혁명'의 기폭제가 되었다. 결국 '4·19 혁명'으로 자유당 정권이 무너지고 3개월간의 '허정 과도정권'을 거쳐 7월 29일 내각책임제로의 총선거가 실시되었다. 총선 결과 민주당의 '윤보선'이 대통령에 당선되고 '장면' 국무총리가 행정수반이 되는 제2공화국이 출범하게 되었다.

제2공화국은 '4·19 혁명'의 원인이 된 '이승만 독재'를 의식하여 과도한 자유지향적 이데올로기를 표방하였으며, 이에 따라 '무제한의 자유'를 허용함으로써 극심한 사회혼란을 초래하였다. 이러한 사회혼란과 장면 정부의 군 관련 정책에 불만을 품은 박정희 소장 등 일부 세력이 주도하여 1961년 '5·16 군사정변'을 일으켰다. 군사정부는 계엄령을 선포하고 국회를 해산시키면서 '군사혁명위원회'를 설치하였고, 5월 22일 '국가재건최고회의'로 개칭한 뒤 '혁명공약'

을 발표하고 군정을 선포하였다. 이후 1962년 12월에 대통령중심제와 단임제를 내용으로 하는 헌법 개정안을 국민투표에 의해 통과시켰다.

이에 따라 1963년 10월 15일 개정헌법에 의한 대통령 선거를 실시하고, 11월 26일에는 국회의원 선거를 실시함으로써 대통령중심제의 제3공화국이 탄생하였다. 이렇게 탄생한 박정희 정권은 반공(反共)을 국시(國是)로 삼고 국가 안보와 경제 발전을 최우선 정책으로 추진하였는데, 이를 위해 '한·일 국교정상화'와 '경제개발 5개년계획'을 추진하였다. 그리고 '월남 파병'을 전격 단행하였는데 이는 주한미군 2개 사단의 월남전 전용을 막고 월남전 특수를 이용하여 경제 발전을 이루려는 두 가지 목적이 있었다.[6]

한편 북한의 김일성 정권은 대내적으로 6·25 전쟁 이후에 이미 정적 숙청과 주민 조직과 선동을 통하여 1인 독재체제를 구축하였다. 1960년대에는 연안파 등 잔여 정적은 물론 측근 세력이던 갑산파까지 숙청하여 1인 독재체제를 더욱 확고히 다졌다. 1961년 '5·16 군사정변'으로 남한에 강력한 반공 정권이 등장하자 북한은 같은 해 7월에 소련 및 중국과 군사조약을 체결하였다. 그리고 이후 지속적으로 전쟁 준비를 추진하였다. 특히 1966년 8월 김일성의 교시에 의해 '4대 군사노선'[7]을 채택하는 등 전쟁 준비를 더욱 강화하

였다. 1960년대 중반 후에는 월남전의 영향을 받아 제124군
부대 등 비정규전 부대를 증강시켜 대남 침투 및 도발 능력
을 크게 강화하였다.

　북한은 월남전을 '정의의 전쟁'으로 규정하고 지지를 강
조하면서 월남인들이 미군을 패퇴시키고 있다고 대대적으
로 선전하였다. 또 1965년 8월 13일 국군의 월남파병 동의
안이 국회를 통과하자 한반도를 '제2의 베트남화'하기 위한
침투도발을 더욱 강화하였다. 이러한 북한의 대남적화 전략
으로 1966년부터는 다수의 무장공비를 군사분계선과 해상
을 통하여 남파하기 시작하였다. 1967년 봄에는 동해상에서
아군 해군 함정인 '당포함'을 격침시켰고, 하계에는 100여

1965년 2월 월남파병 비둘기 부대 모습

명의 무장공비를 후방지역에 동시다발적으로 침투시켜 사회혼란을 획책하였다.

대남 침투도발 현황과 전개 양상

정전협정 이후 1950년대에는 전후 복구와 휴전선 설치 및 유엔 정전위원단의 감시 등으로 인해 대남 도발은 빈번하지 않았다. 본격적인 대남 도발은 1960년 4·19 의거 이후부터 감행되었으며. 1960년대 북한의 연도별 대남 침투도발 현황은 〈표-2〉와 같이 총 933건이며, 지상 침투도발은 472건, 해상·해안 침투도발은 439건이다.

구분	계	1961	1962	1963	1964	1965	1966	1967	1968	1969	1970
계	933	86	58	63	47	60	91	184	141	144	86
지상	472	28	14	16	17	20	21	96	104	97	59
해상 해안	439	54	39	19	29	40	68	82	35	46	27
불상	22	4	5	1	1		2	6	2	1	

〈표-2〉 1960년대 연도별 대남 침투도발 현황[8]

1960년대 대남 침투도발 전개 양상의 특징으로서 육상 침투도발이 상대적으로 증가하였던 것이다. 특히 휴전선 전

지역에서 거의 매일 침투도발이 있었고, 미 2사단 지역에서는 1일 무려 4회의 침투기도가 있었다. 침투도발을 지역별로 구분해 보면 미 2사단이 담당한 파주 지역이 297건으로 가장 많은 침투 횟수를 기록하였다. 이는 수도권까지의 단거리 침투에 용이할 뿐만 아니라 당시의 정치적 상황과 관련이 있었기 때문이다. 즉 미군이 월남전으로 인해 한반도에서의 전쟁 수행능력이 제한된다는 약점을 최대한 이용하고 미군에게 많은 피해를 줌으로써 조기에 한반도에서 철수해야 한다는 미국 국민들의 여론을 조장하기 위한 것이었다. 그리고 여기에 미군의 소극적인 경계작전 방식도 한몫하였다.

1965년 이후 지상 침투도발은 단순한 공작원 침투 목적뿐만 아니라 게릴라전식의 형태를 띠는 침투도발을 감행하였다. 이들은 아군 지역에 침투하여 경계초소나 막사, 작업병력, 전방초소(GP, Guard Post) 식수운반조나 보급추진조, 수색 및 매복작전 병력 등에 대한 무차별 습격을 통하여 아군 시설 파괴, 병력에 대한 살상 및 납치 등의 만행을 저질렀다. 심지어는 아군 이동 통로에 지뢰 또는 TNT를 매설하여 이동 병력을 살상하거나 차량을 파괴하기도 하였다.

수중 침투도발은 1960년대 초반에는 주로 한강과 임진강 하구를 이용하였고, 1965년 이후에는 연천군 임진강 상류를 다수 침투도발하였다. 수중 침투도발 수단은 주로 수영에 의

1960년대 동부전선 GP 전망대

　한 침투도발을 시도하였으나, 때로는 소형 잠수정이나 소형 선박을 이용한 침투도발도 감행하였다.

　1968년 전 전선에 걸쳐서 남방한계선에 철책이 구축되자 북한은 예전의 목책보다 철책을 뚫고 후방 지역으로 침투하는 데 어려움에 처하게 되었다. 따라서 철책을 극복하고 안정적이고 장기적으로 침투에 활용할 목적으로 소형 땅굴을 구축하는 방법을 강구하였다. 최초의 소형 땅굴 침투 시도는 1968년 미 2사단 지역으로 철책 하단을 굴토하여 아군 후방 지역으로 침투하였으며, 이후 본격적으로 소형 땅굴을 구축

고랑포 제1땅굴 발견(1974.10)   철원 제2땅굴 시추 현장(1975.2)

한 것은 1970년 양구 가칠봉 후방과 철원 근북면 협석동 지역에서의 침투 기도였다. 그러나 이 소형 땅굴 침투 기도는 1971년 연천, 인제, 고성 지역에서도 시도되었으나 아군에게 조기 노출되어 성공하지 못하였다. 이후 북한은 전 전선에서 본격적으로 남침용 땅굴을 구축하기 시작하여 전후방 동시 전쟁을 수행할 수 있도록 시도하였으며, 1970년대 발견된 것만으로도 4개에 이른다.

〈표-3〉은 1960년대 북한의 대남 침투에 대한 작전 결과 전과를 제시한 것이다.[9]

북한은 대남 침투도발 외에 함정이나 공작선을 이용하여 해상에서 우리 어선들을 불법으로 납치하는 사건들도 빈번하게 자행하였다. 1961년부터 1970년까지 북한이 대한민국의 어선을 강제로 납북한 사건은 〈표-4〉에서와 같이 총 319척에 2,234명이나 되었으며, 이 중 287척에 1,937명이 귀환하고 나머지 32척 297명은 아직 돌아오지 못하고 있다.

구분		계	1961	1962	1963	1964	1965	1966	1967	1968	1969	1970
침투인원		2,693	115	104	57	96	142	210	694	601	429	245
전과	소계	1,447	86	92	45	56	85	90	372	406	125	90
	사살	954	12	26	7	10	21	33	297	376	94	78
	검거	418	67	57	33	42	48	45	62	27	26	11
	자수	75	7	9	5	4	16	12	13	3	5	1
도주		1,246	29	12	12	40	57	120	322	195	304	155

〈표-3〉 1960년대 대남 침투에 대한 작전 결과 전과

구 분	납 북		귀 환		미귀환	
	선박(척)	인원(명)	선박(척)	인원(명)	선박(척)	인원(명)
현 황	319	2,234	287	1,937	32	297

〈표-4〉 1961~1970년 어선 납북 현황[10]

주요 대남 도발 사례

1·21 사태(청와대 기습 사건)

1·21 사태는 1968년 1월 21일 북한 민족보위성 정찰국 소속의 무장게릴라들이 청와대를 습격하기 위하여 서울 세검정 고개까지 침투하였던 사건이다. 북한의 특수부대인 제124군 부대 소속 31명이 청와대 습격과 정부요인 암살지령

예비군 창설(1968.4.1)

1·21 사태 시 생포된 김신조와 사살 공비

을 받고, 한국군의 복장과 수류탄 및 기관단총으로 무장하고 휴전선을 넘어 야간을 이용하여 수도권까지 잠입하는 데 성공하였다. 그러나 이들은 세검정 고개의 자하문을 통과하려다 비상근무 중이던 경찰의 불심검문을 받고 그들의 정체가 드러나자 검문 경찰들에게 수류탄을 던지고 기관단총을 무차별 난사하는 한편, 그곳을 지나던 시내버스에도 수류탄을 던져 귀가하던 많은 시민들이 살상당하였고, 작전 현장에서 비상근무를 지휘하던 종로경찰서장 최규식 총경이 무장공비의 총탄에 맞아 순직하였다. 군·경은 비상경계 태세를 발령하고 현장으로 출동, 28명을 사살하고 무장공비 김신조를 생포하였다.

1·21 사태는 남북한 정세와 상황적 측면에서는 북한이 대남 적화공작에서 적극적인 유격전 활동을 전개한다는 방침이 결정된 후 1967년 4월 정찰국 산하에 유격전 특수부대인 '제124군 부대'가 편성되었고, 이들은 북한이 대남 적화공작을 위한 적극적인 유격전 활동에 앞서 여건 조성과 작전 환경을 탐색하기 위해 국가 차원에서 대남 도발을 감행하였다. 또한 아군의 군사적 도발에 대한 대비 태세와 전투력이 부족한 상황과 침투 징후를 식별할 능력이 구비되지 않은 취약점을 기회로 삼아 대남 도발을 감행하였다고 분석되고 있다. 결과적 측면에서는 아군의 적절한 대응으로 적의

도발 의도를 분쇄하였고, 국민의 안보 의식 제고와 북한의 비정규전에 대비하기 위해 향토예비군을 창설하는 계기가 되었다.

푸에블로 호 납북과 EC-121 격추

푸에블로 호(USS Pueblo, AGER-2) 납북 사건은 미 해군 정보수집 보조함 푸에블로 호가 83명의 승선 인원을 태운 채 1968년 1월 23일 북한 해안에서 40킬로미터 떨어진 공해상을 지나던 중 북한의 위협에도 불구하고 계속 항진하다가 원산항으로 끌려간 사건이다. 북한군은 1·21 사태가 실패로 돌아가자 새로운 군사 도발을 통해 동북아에서 긴장을 조성하고자 하였다. 특히 미국이 월남전에 깊이 개입되어 어려움을 겪고 있었으며, 미국 내에서 반전 사상이 극에 달해 여론의 압박을 받고 있었기 때문에 미군에 대한 도발을 감행하였던 것이다. 푸에블로 호 납북 사건도 1·21 사태와 마찬가지로 북한이 무력 적화통일을 시도하면서 한국군의 월남전 파병을 견제하려는 당면 목표와 외국인의 한국 투자의욕 상실 등 경제 발전의 저해라는 장기 목표를 달성하려는 것으로 분석할 수 있다.

EC-121 미군 정찰기 격추 사건은 1969년 4월 15일에 함북 청진 해상 153킬로미터 부근 공해 상공에서 북한의 미그

나포된 푸에블로 호

격추된 EC-121 미군 정찰기

(MIG)기에 의해 격추된 사건이다.

울진·삼진 무장공비 침투 사건

울진·삼척 무장공비 침투 사건은 1968년 10월 30일부터 11월 1일까지 3일에 걸쳐 울진·삼척 지구에 북한군 무장공비 120명이 침투한 사건이다. 정세와 상황적 측면에서 분석해 보면 1·21 청와대 기습 실패로 북한 군부가 의기소침해 있던 차에 김일성이 1968년 9월 9일, 북한 정권 창건 20주년 기념식에서 "남한 혁명은 주권을 쟁취하기 위한 투쟁이며, 이 주권 쟁취 방법은 무력만이 있을 뿐"이라고 강조함으로써 김일성이 직접 지시한 대남 도발이었다고 할 수 있다.

김일성의 대남 적화혁명 강조에 고무된 북한의 강경파들은 남한 지역에서 본격적으로 게릴라 활동을 전개하면서 지하조직과 불순 세력을 선동, 민중봉기를 획책해 재침 구실과 기회를 모색하고자 광분하였다. 그리고 무자비한 테러와 파괴 활동으로 공포 분위기를 조성하고 전·후방 동시 전장

화라는 전술을 구사하여, 우리 경찰과 국군의 전투력 분산과 피로를 촉진시키기 위해 기도하였다. 이러한 기도에 의해 북한은 1968년 10월 30일부터 11월 2일까지 세 차례에 걸쳐 울진·삼척 지구에 무장공비 120명을 15명씩 조를 편성·침투시켜 군복, 신사복, 등산복 등으로 위장하여 게릴라전을 전개하였다. 우리는 군·경과 예비군을 투입하여 본격적인 토벌 작전에 착수하였으며, 12월 28일까지 약 2개월간 작전을 벌였다. 작전 결과 공비 113명을 사살하고 7명을 생포하여 침투한 120명 모두를 소탕하였다. 그러나 이러한 소탕 작전을 실시하면서 국군과 경찰, 일반인 등 20여 명이 희생당

울진·삼척 지구 공비 기자회견

공비 만행 서울규탄대회

소탕 작전에 출동하는 군과 공비가 휴대한 PPS-43 기관단총

하였다. 울진·삼척 무장공비 침투는 북한의 대남 적화공작이 강경파에 의해 주도된 이래 본격적인 게릴라 활동을 전개한 국가 차원의 도발이었다. 또한 동시에 지하조직 및 불순 세력의 선동으로 민중봉기를 획책하여 전쟁도발의 구실을 모색하고 지하조직의 사기진작과 직·간접 지원으로 이탈을 방지하기 위한 목적이 있었다.

1970년대 북한의 대남 침투도발

대내외 정세

1960년대 말부터 1970년대 중반까지 서독의 '동방 정책' 추진, 미국과 중국의 관계 개선, 미국의 '월남 철수' 등으로 데탕트가 활발히 추진되었다. 데탕트의 특징은 양극화 현상이 퇴색되어 다극화 현상이 두드러지고, 양 진영 간의 교류와 협력이 증진되어 국가 간의 이해관계도 정치·군사적 요인보다도 국익에 좌우되기 시작하였다는 점이다. 특히 1969년 발표된 '닉슨 독트린'[11]에 따라 미국의 세계 전략 구상이 변화되고 한미상호방위조약도 영향을 받아 미군이 철수하기 시작하면서 우방국들에게 큰 충격을 주었다.

그러나 세계적 화해 무드는 1970년대 중반부터 소련의 군비 증강과 팽창 정책으로 인하여 다시 긴장 상태로 변화되었다. 미국의 포드 대통령은 1976년 3월 소련과의 관계에서 데탕트란 용어를 사용하지 않겠다고 천명하였으며, 1980년 대통령에 당선된 레이건도 미국의 일방적 양보에 의한 소련과의 데탕트를 포기하면서 군비를 증강하고 중국을 포함한 여러 나라와 '반소체제'를 구축하고자 하였다. 위와 같은 현상은 소련의 강한 반발을 유발하여 미소간의 관계는 다시 '신냉전'이라고 표현될 만큼 악화되어 1980년대 중반까지 계속되었다.

국내 정세 면에서는 1970년대는 경제개발계획의 성공으로 국민생활이 보다 윤택해지고 정치가 비교적 안정화되는 시기였다. 남북관계에서도 '남북대화'가 추진되고, '7·4 남북공동성명'이 발표되는 등 다소 호전되는 분위기였다. 그러나 후반기에는 '부마 사태'와 '10·26 사태'가 발생하여 박정희 대통령이 서거함으로써 일시에 혼란의 상태가 되었다. 박정희 대통령 서거에 뒤이어 일어난 '12·12 사태'와 1980년 '5·18 광주민주화운동'을 거치면서 제5공화국이 탄생하였다.

이러한 국내외 정세 속에서 대한민국의 안보 환경은 심각한 위협에 직면하기도 하였다. 특히 1970년부터 1971년까지 미국의 닉슨 대통령은 주한미군 1개 사단(제7사단)을 철수시키고 155마일 휴전선 방어 임무를 한국군에게 전담시키고 제2선으로 물러났다. 이것은 주한미군의 단계적 전면철수를 시사하는 것이기도 하여 국가안보가 직접적으로 위협받게 되었다. 그러나 정부는 이 기회에 미국으로부터 특별군사원조 1억 달러를 지원받아 국군의 현대화를 추진하였고, 방위산업을 육성하여 자주국방의 초석을 다지는 계기로 삼는 등 슬기롭게 위기를 극복하였다.

1974년 북한은 8·15 경축기념식 행사장에서 대통령을 시해하려고 저격하다가 대통령 영부인을 사망케 하였고, 1976년 8월 18일에는 '판문점 도끼만행 사건'을 저질러 미군 장교 등을 무자비하게 살해하였다. 그러나 영부인 살해 사건은 국민적인 공분을 불러일으켜 반공의식을 크게 고조시키고 안보의식을 더욱 고양하는 계기가 되었다. 또한 '판문점 도끼만행 사건'은 판문점 공동경비구역에서 발생한 도발이라는 점과 유엔군의 성격을 띤 미군 장교를 무자비하게 살해하였다는 점에서 북한은 전 세계적인 비난을 받았으며 전쟁 직전의 위기 상황까지 초래되었다. 이때 미국은 즉각 항모 미드웨이 호의 동해상 파견과 중폭격기 파견 등 무력시위에 들어갔고, 결과적으로는 주한미군 철수에도 불구하고 미국이 북한의 대남 도발에는 군사력을 즉각 투입한다는 의지를 행동으로 보여 준 계기가 되기도 하였다.

침투도발 현황과 전개 양상

북한은 1970년대에도 대한민국 영토에 대하여 끊임없이
무장공비와 간첩의 침투를 감행하였다. 1971년부터 1980년
까지 북한의 대남 침투는 확인된 것만 해도 〈표-5〉와 같이
총 190회이다.

구분	계	1971	1972	1973	1974	1975	1976	1977	1978	1979	1980
계	190	49	20	20	23	28	8	9	13	5	15
지상	57	22	7	1	5	3	1	3	3	3	9
해상 해안	132	27	13	19	18	24	7	6	10	2	6
공중 침투	1					1					

〈표-5〉 연도별 유형별 침투도발 현황

북한의 침투도발 사례를 연도별로 살펴보면 〈표-5〉에
서와 같이 1971년에 49회로 가장 많이 발생하였다. 북한은
1960년대에 들어와 남한 내에서 '5·16 군사혁명'에 의한 반
공정부가 들어서서 '경제개혁 5개년계획'을 추진하는 등 사
회가 더욱 군건해져 가고, 월남전에 파병하며 전투 경험과

무장공비 침투 수단인 반잠수정, 수중 추진기 스쿠터와 개인 수중침투 복장

경제 성장을 동시에 이루는 계기로 작용하자 위기의식을 느끼게 되었다. 이에 따라 북한도 월남전에 참전할 것을 월맹에 요청하였으나 거부되자 남한이 더욱 발전하여 강해지기전에 공산화 통일을 이루는 호기를 조성하고자 '대남 폭력도발 위주의 혁명전술'을 사용하였다. 1970년대 북한은 침투기도를 노출시키지 않도록 은밀하게 침투하기 위한 침투전술을 더욱 발전시켰다. 특히 해상침투를 위하여 지속적으로 침투장비를 개량하고 발전시켰으며, 간첩선의 모선으로부터 해안에 침투할 때 사용하는 장비는 레이더에 잘 탐지되지 않고 고속으로 도주가 가능하도록 소형 보트형 자선이나 반

잠수정으로 제작하여 사용하기 시작하였다. 또한 해안에 상륙할 때 초병의 눈을 피해 신속하고 은밀하게 접안할 수 있는 수중잠행 보트(수중 추진기)로 침투하였다.

주요 침투도발 사례

추자도 근해 간첩선 침투

1971년 6월 1일 제주시 추자도 서남방 10마일(약 16킬로미터) 해상에서 초계 중인 해군 함정이, 간첩을 해남 송호리 해안으로 상륙시키고 복귀하던 간첩선을 발견하여 공군과 해군의 합동작전으로 격침시킨 사건이다. 이 작전으로 남해안으로 간첩을 침투시킨 간첩선 1척을 격침시켰으며, 승조원과 안내원을 포함하여 16명을 사살하였고 간첩 1명이 자수하였다. 그러나 작전 중 공군 C-46 항공기 1대가 추락하였고 A-37 전투기 1대의 연료탱크가 파손되는 피해를 입었다.

북한 간첩선을 격침시킨 아군 전투기(A-37, F-106, F-15)와 구축함

판문점 도끼만행

판문점 도끼만행 사건은 1976년 8월 18일 오전 10시쯤 발생하였는데, 미군 장교 2명과 사병 4명, 한국군 장교 1명과 사병 4명 등 11명이 판문점 공동경비구역 안의 '돌아오지 않는 다리' 남쪽 유엔군 초소의 시야를 가리는 미루나무 가지를 치는 한국인 노무자 5명의 작업을 감독·경비하고 있는 상황이었다. 당시 미군은 유엔군으로서 판문점 공동경비구역 안의 2개 초소와 비무장지대를 관측하는 임무를 수행하고 있었다. 그런데 북한군 3개 초소에 둘러싸인 유엔군 초소 부근에 약 12미터 높이의 미루나무가 있었고, 가지가 무성하여 관측 임무를 제대로 수행할 수 없었다. 그래서 북한군에

도끼만행 사건(1976.8.18)

의한 미군의 납치를 우려하여 이날 가지치기 작업을 수행한 것이다.

이때 가지치기 작업을 지켜보던 북한군 장교 2명과 15명의 하전사가 나타나 작업 중지를 요구하였다. 그러나 이를 무시하고 작업을 계속하자 11시쯤 수십 명의 북한군 병력들이 트럭을 타고 와서, 몽둥이와 유엔군 측 노무자들이 나무 밑에 두었던 도끼 등을 휘두르며 기습적으로 공격하였다. 이들은 유엔군 측 지휘관과 장병들에게 집중공격을 가해 경비 중대장 보니파스(Arthur G. Bonifas) 미군 대위와 소대장 바레트(Mark T. Barrett) 미군 중위가 현장에서 피살되었고, 미군 사병 4명, 한국군 장교와 사병 4명 등이 중경상을 입었다. 아울러 유엔군 측 트럭 3대가 파손되었다. 정전협정 조인 이후 23년 만에 판문점 공동경비구역 안에서 희생자가 발생하는 초유의 참사가 일어난 것이다.

경남 남해도 침투도발

1980년 12월 1일 경남 남해도 상주리 금포부락 해안으로 수중잠행보트를 이용하여 침투 중인 공비 3명을 매복 중인 아군이 발견하여 2명은 현장에서 사살하였고, 도주한 1명은 12월 6일 대침투작전에 의해 사살하였다. 이때 공비들이 침투에 사용한 간첩선(자선)은 해군에서 남해도 동남방 약

80킬로미터까지 추격하여 12월 2일 06:59에 격침시켰다. 남해도 침투는 무장공비들이 남해안 도서 지역에서 간첩과 접선 및 대동복귀(帶同復歸)를 목적으로 침투한 것이었다. 국군은 이 작전 결과 북한 간첩선 1척을 격침시켰고, 침투인원 9명(안내조 3명, 선박조 6명)을 모두 사살하였으나 도주 공비의 소탕작전에서 아군도 전사 3명, 부상 3명의 피해를 입었다. 〈표-6〉은 남해도 대침투작전 시 주요 노획품이다.

구 분	주 요 노 획 품
무기류 (14종 482점)	체코제 기관단총 3정(탄창 11개, 실탄 394발, 탄피 45발), 권총 2정(탄창 4개), 수류탄 5발, 신호탄 2발, 단도 2개 등
통신장비/문건 (15종 86점)	무전기, 송신기, 수신기, 워키토키, 암호표, 난수표 등
침투장비 (20종 42점)	수중잠행보트(보트, 연료탱크, 엔진, 스크루, 나침반), 오리발, 물안경, 나침의, 수중시계, 구명대, 방수복 등
피복/기타 (24종 78점)	전투복, 동내의, 통일화, 신사복, 물주머니, 양말, 비옷, 소금, 미숫가루, 성냥, 연필, 의약품세트 등

〈표-6〉 남해도 대침투작전 시 주요 노획품

1980년대 북한의 대남 침투도발

대내외 정세

1980년대는 세계적으로 테러리즘의 난무와 중동 지역에서의 전쟁 등으로 국제적 긴장이 고조되었다. 특히 소련의 '대한항공 여객기 격추 사건'과 북한의 '아웅산 묘소 폭파 사건' 및 '대한항공 858기 폭파 사건'은 한국은 물론 전 세계인에게 공산주의의 본질과 폭력성에 대하여 경각심을 갖게 하는 계기가 되었다. 또한 미국이 소련의 세계 팽창 전략에 강경하게 대응함으로써 국제 사회의 긴장은 더욱 높아지고 불확실한 시기였다.

남한은 급성장하는 경제력을 바탕으로 '86아시안게임'과 '88서울올림픽' 개최 및 이를 통한 국제적 지위가 급격히 향상되기 시작하였으며, 이를 계기로 비동맹권 국가들과의 외교 강화에도 주력하고 있었다. 그러나 대내적으로는 민주화 운동과 급진좌경 학생단체가 주축이 된 학원 소요가 급격히 증가하여 국가 안보를 위태롭게 하기도 하였다. 이들의 과격 시위와 폭력 행사, 공공기관 점거 농성 등은 체제 부정과 반미 활동으로 이어졌고, 우리 사회 내부에 심각한 이념 갈등을 초래하였다. 그리고 이들의 과격한 행동은 결국 남한의 사회 혼란을 조장하여 한반도 적화통일을 이루려는 북한의 대남 적화전술을 이롭게 하는 것이어서 국민 화합을 통한 사회 안정이 보다 절실하게 요청되었던 시기였다.

이 시기에 북한은 정치적으로는 김정일 후계 체제의 확고한 구축을 위해 당 조직의 기능과 역할을 더 한층 강화하고 반대 세력에 대한 대대적인 숙청을 단행함으로써 김일성 부자에게 무조건 복종을 유도하는 데 주력하였다. 또 경제적으로는 제2차 7개년 인민경제계획의 파탄에서 초래된 침체 국면을 벗어날 방법을 찾기에 급급하였다. 그러면서도 군사적으로는 남침 전쟁을 할 수 있는 준비를 완료하기 위해 계속 군사력을 증강시키면서 소련으로부터 군사 무기를 대량으로 도입하였다. 대남 정책면에서는 '86아시안게임'과 '88서울올림픽'의 성공적 개최를 방해하고, 김정일의 권력세습 체제를 구축하기 위해 총리 회담과 남북 대화를 지속하면서 테러와 무장공비 침투 등 대남 도발을 지속한 화전양면전술을 전개하였다.

침투도발 현황과 전개 양상

북한은 1980년대에 접어들면서 남한 내에 '민주화 운동'이 거세지고 학원 소요 등의 정국 불안이 가중되자 무장도발과 민주화 세력 및 운동권을 중심으로 한 침투 활동 등을 병행하여 남한 내 혁명을 유도하는 데 주안을 둔 대남공작을 펼쳤다. 특히 기간 중에 북한은 남한에 대한 혼란 조성과 올림픽과 같은 국제행사를 방해하기 위해 '아웅산 묘소 폭파 사건' 및 'KAL 858기 폭파 사건'과 같은 무자비한 테러를 자행하면서 한편으로는 군사 정찰과 동조자 포섭 및 지하당 구축을 위한 침투 활동을 계속하였다.

1980년대 초에는 전방 지역인 필승교, 임월교, 저진 해안 등 군사분계선을 통한 무장공비의 직접 침투를 시도하였고, 1980년대 중반에는 다대포, 청사포 등 남해안을 통한 원거리 우회 침투를 기도하였다. 그러나 1980년대 후반에는 한국의 국제적 행사인 아시안게임과 올림픽의 개최로 인한 국제적 이목이 집중되어 있음을 의식한 듯 침투 활동을 다소 자제하는 모습을 보이기도 하였다. 이 시기에 북한은 대남 공작을 효과적으로 수행하기 위하여 노동당 예하 조직으로 대남사업담당 비서 통제하에 대외연락부와 연락부, 작전부의 3개 부서를 두고 공작을 전담시켰다.

1981년부터 1990년까지 북한의 침투도발 기도가 확인된 것은 〈표-7〉에서와 같이 총 25회이다. 이 중에서 18회는 우리가 침투도발 당시에 발견하지 못하고 적이 침투한 이후에 생포 간첩이나 기타 경로를 통하여 침투도발을 했다는 사실을 인지한 횟수이다. 그런데 〈표-7〉과 같이 1980년대에는 1970년대에 비하여 침투도발 횟수가 비교되지 않을 정도로 줄어들었음을 알 수 있다. 이 같은 현상은 계속된 침투도발과 노력에도 불구하고 성과가 기대에 미치지 못하였고, 아군의 전력 보강이나 감시장비의 성능 향상, 경계시설물 보강 등으로 침투도발에 대한 성공 가능성이 낮아진 때문이라고

구분	계	육상침투	강안침투	해상침투
계	217(158)	30(9)	23(13)	164(136)
1970년대	192(140)	29(8)	17(9)	146(123)
1980년대	25(18)	1(1)	6(4)	18(13)

〈표-7〉 1970년대와 1980년대 적 침투도발 사례 비교

분석할 수 있다.

1980년대에 북한은 육상을 통한 침투도발보다는 강안침투와 해상침투도발 위주로 전개하였다. 또한 침투 공작도 과거와 같이 무장공비에 의한 직접적인 파괴나 양민 학살 등은 감소하였다.

침투도발 전술면에서는 1980년대 이전에는 비무장지대를 통한 육상침투와 강안을 이용한 수중침투 및 간첩선에 의한 해안이나 도서 지역으로의 직접 침투 위주였다. 그러나 1980년대에는 육상침투보다는 강을 이용한 수중침투와 해상침투 위주로 전개되었다. 해상침투 전술은 간첩선을 이용하여 해안이나 도서 지역에 직접 접안하지 않고 모선에서 자선을 분리하여 침투하는 방법을 주로 사용하였다. 즉, 간첩선(모선)을 이용하여 공해상으로 멀리 우회한 다음, 모선에 적재하였던 자선을 이용하여 근해로 침투하는 방법을 사용하였다.

무장공비나 간첩이 이용한 모선과 자선의 형태

이 시기에 해상침투 전술 중에서 또 하나의 특이할 만한 사항은 소형 쾌속선박을 이용한 서해안 지역 당야(當夜)침투 및 복귀전술을 사용하였다는 점이다. 북한은 1980년대 말에 서해안 해주연락소에서 소형 쾌속선박을 이용하여 하룻밤 사이에 강화도 해안에 침투하여 임무 수행 후 복귀까지를 완료하는 당야침투 및 복귀전술을 개발하여 강화도 해안으로 6회나 침투하였다. 그러나 아군은 이를 감지하지 못하고 이들의 침투를 모두 허용하였으며, 이러한 침투전술은 1990년대에도 계속되었다.

주요 침투도발 사례

미얀마(버마) 아웅산 묘소 폭파사건

1983년 10월 9일 미얀마를 방문 중이던 전두환 대통령의 암살을 노린 폭탄 테러가 아웅산 묘소에서 발생했다. 북한 비밀공작 요원들은 전두환 대통령을 살해하여 남한 정부를 혼란에 빠뜨릴 목적으로 미얀마 아웅산 묘소에 고성능 폭약을 설치·폭파하여 집단 암살을 기도했던 것이다. 이 폭발 테러로 서석준 부총리, 이범석 외무부 장관 등 17명이 순직하고 15명이 중경상을 입었으며, 현지인 4명이 사망하고, 32명이 부상당했다. 전두환 대통령은 취임 후 동남아 순방의 첫

아웅산 테러 순국 외교사절 합동국민장 및 규탄대회(1983.10.13)

방문지를 미얀마로 선택했다. 미얀마는 제3세계 국가였지만 북한 및 공산권과 가까운 나라였다. 전두환 대통령은 제3세계와의 교류를 증대하려고 했고, 그중 미얀마와의 관계를 개선하기 위해 이곳을 먼저 방문했던 것이다. 위와 같은 사실을 알게 된 북한 당국은 전두환 대통령 일행이 아웅산 묘소를 참배할 때 미리 설치한 폭발물을 원격조정 장치로 폭파시켜 일거에 대통령 일행을 모두 살해한다는 계획을 실행에 옮겼던 것이다.

임월교 강안 침투도발

임월교는 문산천의 교량이며, 문산천은 임진강 지류이다.

임진강 침투 지점과 북한 공작원의 수중 침투 장면 재현 모습

1983년 6월 19일 문산 서측방의 문산천과 임진강이 합류하는 지점에 있는 임월교 교량 초소에서 아군의 경계병이 수중으로 침투하는 공비들을 발견하였다. 경계병은 순찰 중이던 소대장 등과 합세하여 5명이 수류탄 투척 및 집중 사격을 실시해서 공비 2명을 현장에서 사살하였다. 이때 공비 1명은 수중으로 도주하였으나 약 4.5킬로미터 후방인 임진강상에서 아군 작전에 의해 사살되었다. 임진강을 이용한 대남 침투 사건은 1970년도 2회, 1971년도 3회, 1981년 1회 등 다수의 침투 사례가 있었다.

대한항공 858기 폭파

대한항공(KAL) 폭파 사건은 1987년 11월 29일 바그다드에서 서울로 가던 KAL 858편 보잉 747기가 미얀마 근해에서 북한 공작원에 의해 공중 폭파하여 이라크에서 귀국하는 근로자 80여 명을 포함, 115명 전원이 희생된 사건이다. 수사결과 KAL기는 하치야 신이치와 하치야 마유미라는 일본인으로 위장한 북한 대남 공작원 김승일과 김현희가 김정일의 친필 지

북한 특수공작원 김현희 체포 압송과 범행 전모를 밝히는 기자회견

령을 받고 기내에 두고 내린 시한폭탄과 술로 위장한 액체 폭발물(PLX)에 의해 폭파되었음이 밝혀졌다. 이 대남 테러 사건의 목적은 북한의 노동당 최고지도부의 지령에 의해 직접적으로 88서울올림픽의 개최를 저지·방해하고, 한국의 대통령 선거를 앞두고 사회·정치적 불안과 혼란을 조성하기 위한 목적으로 자행되었다.

1990년대 북한의 대남 침투도발

대내외 정세

1989년부터 공산 체제가 붕괴되기 시작했고 소련연방이 해체되면서 1990년 말에는 사실상 냉전이 종식되었다.[12) 공산 체제의 붕괴에 따라 미국이 제2차 세계대전 후 40여 년간 유지해 온 봉쇄 정책은 그 사명을 다하게 되었고, 이 정책을 구현하기 위한 미군의 전방배치 전략도 수정이 불가피해졌다. 이에 따라 주한미군은 공군을 주축으로 계속 유지하면서 지상군 병력은 3단계로 나누어 철수할 것으로 발표되었다. 1991년 12월에는 한국 영토에 배치된 전술 핵무기도 모두 철수하였다. 한편 1997년도부터 미·중관계가 정상화의 길로 들어서게 되었고, 중국과 일본도 정상외교와 외교안보 대화 활성화로 양국 관계는 발전하고 있었다.

국내 정세에 있어서는 1987년에 출범한 노태우 정부는 민족자존, 민주화합, 균형발전, 통일번영의 국정목표를 설정하여 추진하였다. 특히 북방외교를 통한 소련, 중국과의 교역과 경협은 물론 안보 환경에도 많은 변화가 있었다. 북한과의 평화공존 정책을 토대로 남북고위급회담을 통해 남북기본합의서도 채택하였다. 아울러 노태우 정부에 이어 출범한 김영삼 정부도 노태우 정부의 3단계 통일정책을 계승하면서 이인모 노인 북한 송환 등 대북 유화정책을 추진하다가 김일성 사망 시 조문 파문으로 남북한 관계가 경색되었다.

북한은 1980년대 말부터 시작된 공산권 붕괴와 국제 냉전 종식으로 정치·심리적 충격과 함께 경제적 타격을 받게된다. 국제적 고립화와 함께 경제적 난관에 봉착하여 체제생존과 새로운 국제환경의 적응을 위한 노력을 경주하게 된다. 아울러 북한은 1993년 3월 12일에 국제 핵무기 확산 방지조약(NPT, Non-Proliferation Treaty)을 탈퇴함에 따라 남북 관계 긴장과 국제적 압력을 받게 된다. 그리고 1994년 7월 8일 김일성이 사망함에 따라 김정일이 권력을 세습하고 비상통치체제로 전환하게 된다. 1995년 이후 홍수피해 등으로 북한

의 식량난이 악화되고 경제난, 에너지난 등과 겹쳐 체제생존
의 위협을 가져오게 된다. 김정일은 대내외적 극한 상황을
타개하고 국면을 전환하기 위해 1998년 8월 중거리 미사일
시험과 핵무기 개발 시도, 강릉 잠수함 침투도발 등을 감행
하면서 이른바 '우리식 사회주의'를 고집하였다.

1990년대의 남북 관계는 대한민국과 국제사회가 북한에
대한 인도주의적 지원을 확대하고, 북한도 남북 관계에서 다
소 유연한 자세를 보임으로써 남북고위급회담이 진행되었
다. 또한 '남북기본합의서'가 채택됨으로써 남북 화해와 불
가침, 한반도 비핵화 공동선언 등을 상호 확인하기에 이르렀
다. 아울러 금강산 관광이 1998년부터 시작되기도 하였다.
그러나 북한은 1990년대에도 변함없이 위장평화 공세와 더
불어 군사적 도발을 병행하는 화전양면전술을 시도하였다.

침투도발 현황과 전개 양상

이 시기에 북한은 겉으로는 남북고위급회담을 추진하면
서도 1991년부터 1995년까지 정전체제를 무력화하기 위해
중립국감시위원회 대표단을 철수시키면서 5회의 군사분계
선 침범과 10회의 북방한계선(NLL, Northern Limit Line) 침범
등의 군사적 도발행위를 계속하였다. 특히 1996년 9월 13일

~9월 15일까지 '나진·선봉 지역 투자설명회'를 개최한다고 선전하면서 1996년 9월 18일 강릉 지역에 잠수함을 침투시키는 등 해상을 통한 침투도발을 계속하였다. 또한 1999년 6월 7일부터 6월 15일까지 9일간에 걸쳐 연평도 해상에서는 북한 경비정들이 북방한계선을 수차례 침범하여 결국 6월 15일에는 '제1연평해전'을 일으켰다. 이와 같이 북한은 1990년대에도 서해상 북방한계선 침범, 잠수함(정)을 이용한 해상침투로 개척과 군사정찰 활동 등의 대남 도발과 동조자 포섭 및 지하당 구축을 통하여 대남공작을 활발하게 전개하였다.

1991년부터 2000년까지 북한의 침투도발로 확인된 것은 〈표-8〉과 같이 총 36회이다. 이 중 29회는 우리가 침투 당시에 발견하지 못했으나 적이 침투한 이후 생포간첩이나 기타 경로를 통하여 침투 사실을 인지한 횟수이다.

※( )안의 숫자는 간첩 침투 이후 사후에 인지된 것임.

구분	계	육상침투	강안침투	해상침투
계	61(47)	5(4)	9(6)	47(37)
1980년대	25(18)	1(1)	6(4)	18(13)
1990년대	36(29)	4(3)	3(2)	29(24)

〈표-8〉 1980년대와 1990년대 침투도발 사례 비교

1990년대에는 1980년대에 비하여 침투 횟수가 오히려 11회나 늘어난 것을 볼 수 있다. 이는 북한이 1980년대 말에 '서울올림픽' 등 한국의 국제행사를 통한 국제적 이목 집중을 고려하여 침투를 다소 자제했던 때문으로 보인다. 침투 전술 면에서 북한은 1980년대와 같이 육상침투나 강안침투보다는 주로 해상침투를 많이 전개하였음을 알 수 있다.

1990년대 들어와서 특이한 것은 동해안 지역에서 잠수함(정)을 이용한 침투도발을 적극적으로 시도하였다는 점이다. 북한은 아군이 탐지하기 어려운 잠수함(정)을 전력화하여 1990년대 이후 동해안 침투로 개척과 군사정찰에 적극 활용하였으며, 침투도발 횟수도 사후에 인지된 것을 포함하여 총 10회에 이른다. 또한 서해안 강화도 지역에 대한 당야침투 전술도 1990년대에 4회에 이르렀다.

주요 침투도발 사례

철원 비무장지대 침투도발: 은하계곡 작전

북한 특수공작원 3명이 1992년 5월 21일 야간에 북방한계선을 넘어 철원지역 비무장지대로 침투도발하다가 아군의 경계 작전에 의해 사살된 사례이다.

강릉 잠수함 무장공비 침투 사건

1996년 9월 18일 00:55경 강릉시 강동면 동해 7번 도로 상에서 택시기사가 거동수상자 2명과 해안가에 좌초된 선박 1척을 경찰에 신고함으로써 군인, 경찰, 예비군이 합동으로 무장공비에 대한 소탕작전을 전개한 사례이다. 소탕작전 중 잠수함과 도주로 주변에서 중화기인 대전차 로켓을 비롯하여 M-16, AK 소총, 정찰용 지도 등 유류품 367종 4,380점을 노획하고 조타수 이광수(31세, 상위)를 생포하였다. 또한 동승했던 정찰조원들이 북한의 지령에 따라 잠수함 좌초책임을 물어 사살한 것으로 추정되는 승조원 11명의 사체를 발견하였다. 도주한 잔당을 추적한 끝에 정찰조장, 잠수함장 등 13명을 발견하여 교전 끝에 사살하였으나 아군 11명, 경찰·예비군 2명, 민간인 4명이 피살되었다.

생포된 이광수에 의하면, 이들은 북한의 대남공작기구 중 하나인 인민무력부 정찰국 해상처 22전대 소속으로 1994년

강릉 해안에 좌초된 북한 잠수함

생포된 이광수의 기자회견

12월 함남 신포에서 건조된 300톤급 잠수함을 타고 총 26명이 침투하여 강릉비행장, 영동발전소 등을 정밀 촬영하였다. 이들의 침투 임무는 전쟁에 대비하여 한국의 군사시설에 관한 자료를 수집하는 한편, 강원도에서 열리는 전국체전에 참석하는 주요 인사들을 암살하려는 것이었다. 결국 강릉 잠수함 침투 사건은 북한 김정일의 직접적인 지령에 따라 남침계획을 구체화시켜 나가기 위해 사전정찰 및 국내혼란 조성을 목적으로 감행되었다.

제1연평해전

제1연평해전은 1999년 6월 15일 연평도 서남방 8해리(약 15킬로미터), 북방한계선 남방 4.3해리(약 8킬로미터) 해상에서 북한 경비정의 기습적인 선제사격에 대해 우리 해군 경비함정이 대응사격을 실시한 해전이다. 6월 7일부터 15일까

밀어내기 작전을 하고 있는 해군 참수리 325호

지 다수의 북한 경비정과 어선들이 연평도 서남방에서 북방한계선을 여러 차례 침범하였고, 우리 해군은 무력을 사용하지 않고 이른바 밀어내기식 작전을 시도하였다. 그러나 6월 15일 9시 28분 북한 경비정이 선제사격을 가해 왔고, 우리 해군 함정들이 즉각 대응사격을 실시하여 이를 격퇴하였다. 이 해전에 우리 해군의 참가전력은 고속정 8척, 초계함 2척이었으며, 북한 해군은 경비정 4척, 어뢰정 3척이었다. 작전 결과 북한 해군은 어뢰정 1척 격침, 경비정 4척과 어뢰정 1척 손상, 다수의 사상자 발생 등 큰 피해를 입고 북방한계선 이북으로 도주하였다. 우리 해군은 고속정 5척이 경미한 손상을 입고, 9명이 가벼운 부상을 당하였다.

부여 침투도발 사건

1990년에 제주도로 1차 침투하여 남한에서 특수공작임무

제주도 침투 지역과 부여 대침투 작전에서 전사한 나성주 경사 흉상

를 수행하다가 월북하여 특수임무 지령을 받고 1995년 9월 2일 제주도 해안으로 재침투하여 부여에서 발견된 사례이다. 침투한 공작원은 남한 내에서 특수공작임무를 수행하다가 1995년 10월 24일에 부여군 석성면 정각사에서 발견되어 군·경 합동작전에 의해 1명은 생포되고 1명은 사살되었다. 이 작전에서 경찰 2명이 전사하고 1명이 중상을 입는 피해가 발생하였다.

2000년대 이후 대남 침투도발

대내외 정세

1990년대 이후에도 걸프전, 코소보전, 아프간전, 이라크전 등과 같은 강도 높은 전쟁과 소말리아나 내전, 리비아 사태 등 다양한 요인에 의해 국지적인 전쟁 혹은 분쟁이 지속되었고, 미국의 세계무역센터를 피습한 9·11 테러 등 전쟁 이상의 끔찍한 테러도 계속되었다. 2000년대의 국제안보환경은 군사적 위협으로부터 테러와 같은 비군사적 위협 및 잠재적 위협까지 초국가적 안보 영역으로 변화되는 시기였다. 즉 2000년대 이후 세계적 규모의 전쟁은 감소하고 테러

리즘 확산, 핵 등 대량살상무기의 위협 증가, 자원 고갈 및
자연재해와 같은 요인으로 인한 국가 간 경쟁과 갈등이 심
화되었고, 다양한 원인들에 의한 소규모 분쟁, 저강도 분쟁,
국지 분쟁 등이 증가하였다.

동북아 정세는 북한의 핵개발로 인해 한반도를 중심으로
중국과 러시아와 북한, 그리고 미국과 일본 및 남한의 새로
운 대결구도가 형성되었다. 특히 중국은 대북 경제지원 및
국제사회에서 북한의 후견인 역할을 해 왔으나 2010년도 이
후 북한이 중국의 만류에도 불구하고 핵 및 미사일 실험을
강행하자 중국의 대북지원과 후견인 역할에 변화의 조짐도
나타나고 있다.

한국은 김대중 정부의 대북 햇볕정책으로 시작으로 하여
2000년도 남북정상회담과 6·15 공동선언이 있었다. 하지만
대청해전, 여수 반잠수정 침투 등 대남 도발은 계속되었다.
노무현 정부에서도 대북지원 정책을 계승하면서 정상회담
과 개성공단 가동 등의 남북한 교류가 활발하였으며, 대북유
화 정책과 병행하여 남한 내의 종북 세력 확대와 이로 인한
남남갈등이 증폭되었다. 아울러 이명박 정부가 들어서면서
상호주의에 입각한 대북 정책이 전개되었다. 그리고 북한의
금강산 관광객 피살, 천안함 피격, 연평도 피격의 무자비한
대남 도발과 일심회 및 왕재산 간첩사건, 디도스(DDOS) 공

격 등 대남 도발과 핵 및 미사일 발사의 도발이 계속되었다.

국내 상황은 매우 복잡하면서 사회 통합성이 미흡하고 이념, 계급 간 갈등 심화, 종북 세력 확산 등으로 북한의 대남 침투도발에 유리한 환경이 조성되었다.

계속되는 식량난과 국제적 고립 등 대내외적으로 위기에 처한 김정일 독재 체제는 강성대국 건설과 선군정치를 표방하면서 주민의 통제를 강화하고 비대칭 군사력 증강 등을 강행하였다. 김정일 사망 후에 3대 세습의 김정은 독재 체제 역시 핵무장과 경제발전의 병행 정책을 표방하면서 김일성 주체사상 확립과 김정일 선군정치를 계승하고 있다. 북한은 3대 세습 체제 유지를 위한 다양한 형태의 대남 도발과 벼랑 끝 전술, 위장평화 공세를 거듭하고 있다.

침투도발 현황과 전개 양상

2000년도부터 2013년 현재까지 북한의 침투도발로 확인된 것은 〈표-9〉와 같이 총 90회이다. 특히 2010년에 천안함 피침과 연평도 포격은 북한이 우리 영해 및 영토에 직접적인 도발을 감행한 것이다.

계	육·해상 침투	MDL 침범	총격 도발	DMZ 습격	NLL 침범	해상 교전	해상 납치	영공 침범	납치 폭파	직접 도발
90	·	4	7	·	73	3	·	1	·	2

〈표–9〉 2000년도 이후 침투도발 내용별 현황

구분		2010년 이전	2010년 이후
상황		남북 경쟁/상대적 우위	남한의 절대 우위
목적/의도		대남 공작, 남한 위상 훼손	대남/대내외 정세 전환/여건 조성
목표/대상		포섭 대상/중요 시설/VIP	특정 표적/효과 극대화 대상
징후/시기		징후 없음/위장평화로 방심/ 침투 성공 시점(남한 취약 시기)	징후 암시/기습/남한 상황 연계 (도발 주체 기만/후유증 최소화)
수단/방법		간첩/공비/테러리스트/ 은밀/특수요원 위주	남한 사전 대비/대응 곤란, 취약점 고려 이외의 수단/차원 기습
강도/수준		저강도/전술적(침투도발)	고강도(예상치 못한 수준)/공격
공통점		국가전략목표 달성의 방법, 도발 전·후 위장평화/책임전가, 도발 주체 은 폐/대남 전략 연계, 남한 대비 및 대응의 곤란과 취약점 활용 도발	
결과	성공	부분적 침투 성공/차후 타격 실패	직접 타격으로 기습/효과 극대화
	실패	아군의 대비 강화 기회 제공 전략적 목표/목적 달성 실패	국제적 호전적 주체임을 각인 우호 세력 입지 약화/정세 미전환

〈표–10〉 2010년대 전·후 침투도발 비교 분석

북한의 대남도발의 양상은 〈표-10〉에서와 같이 2010년
도를 기준으로 크게 변하였다. 2010년도 이전에는 고정간첩
접선, 공작원 대동복귀, 중요 시설 정찰, 남한 내 통일전선 형
성 임무나 아웅산 테러(대통령 암살)와 KAL 폭파(88올림픽 방
해) 등 특수임무를 수행하기 위해 도발하였다. 따라서 사전
징후 없이 지상·해상으로 야간 취약시간을 이용하여 공작
원을 은밀히 침투시키거나 우회침투 후 공작 및 테러의 특
수임무를 수행하는 양상이었다.

2010년대 이후에는 천안함 피침과 연평도 포격, 농협 전
산망 사이버 공격이나 위성항법장치(GPS) 전자전 공격 등에
서 보듯이 의외의 수단 및 방법으로 기습도발의 형태로 변
화되었다. 즉 침투 단계 없이 직접적으로 서해 5도와 남한
함정에 타격하는 방법이었으며, 사전에 징후를 암시 혹은 은
폐하여 전략적 기습을 실시하였다.

또한 대내외 상황과 연계된 도발을 하였고, 먼저 국가급
지시에 의해 도발계획을 수립한 후 상황이 도래하였을 때
도발을 감행하였다. 그리고 도발의 원인 및 주체 식별이 곤
란한 수단과 방법으로 도발하였고, 도발 수준도 무차별 국지
전 수준으로 증강되었다. 또한 전략적 심리전과 사이버 및
전자전 등 비물리적 도발로 국가 기반 시설 무력화와 혼란
을 조성하기도 하였다.

제2연평해전

제2연평해전은 제17회 월드컵축구대회의 마지막 날을 하루 앞둔 2002년 6월 29일 오전 10시 25분 무렵, 서해 북방한계선 남쪽 3마일(약 4.8킬로미터), 연평도 서쪽 14마일(약 22.5킬로미터) 해상에서 일어났다. 1999년 6월 15일 오전에 발생한 제1연평해전이 벌어진 지 3년 만에 같은 해역에서 일어난 남북한 함정 사이의 해전이다. '서해교전'으로 불리다가 2008년 4월 '제2연평해전'으로 격상되었다. 제2연평해전은 북한 경비정 2척이 남한 측 북방한계선을 계속 침범하는 것을 저지하는 과정에서 발생되었다.

즉 계속해서 우리의 영해로 침범한 북한 경비정을 우리해군의 고속정 4척이 즉각 대응에 나서 퇴거 경고 방송을 하는 순간 아무런 징후도 없이 북한 경비정이 선제 기습포격을 감행하였다. 이로 인해 해군 고속정 참수리 357호의 조타실이 순식간에 화염에 휩싸였다. 이때부터 양측 함정 사이에 교전이 시작되고, 곧바로

침몰된 참수리 357호 인양 모습

인근 해역에 있던 해군 고속정과 초계정들이 교전에 합류하였다. 이어 10시 43분경 북한 경비정 1척에서 화염이 발생하자 나머지 1척과 함께 퇴각하기 시작해, 10시 50분경 북방한계선을 넘어 북상함으로써 교전은 25분 만에 끝이 났다.

이 교전으로 한국 해군 윤영하 소령, 한상국 중사, 조천형 중사, 황도현 중사, 서후원 중사, 박동혁 병장 등 장병 6명이 전사하고, 19명이 부상을 당했고, 해군 고속정 참수리 357호가 침몰하였다. 한편 북한은 30여 명의 사상자를 내고, SO-1급 초계정 등산곶 684호가 반파된 채로 퇴각하였다. 교전 직후 국방부는 "북한의 행위가 명백한 정전협정 위반이며, 묵과할 수 없는 무력도발"로 규정하고 북한 측의 사과와 책임자 처벌, 재발 방지를 강하게 요구하였으나, 북한은 반응하지 않았다.

2009년 대청해전

대청해전은 2009년 11월 10일 11경 서해 북방한계선 부근인 대청도 동쪽 약 9킬로미터 지점에서 대한민국 해군과 북한 해군 간에 일어난 전투이다. 대청해전은 북한의 함정이 아군의 북방한계선 침범 경고를 무시하면서 일어났다. 북한의 경비정 1척이 서해 북방한계선을 침범하여 대청도 동쪽 11.3킬로미터 지점까지 남하하여 5차례 경고방송을 보냈으나 이에 응하지 않고 계속 남하였다. 이에 우리 해군은 20밀리미터 벌컨(Vulcan)포로 4발 경고사격을 했으나, 이에 북한 경비정은 25·75밀리미터 포로 참수리 325호에 조준사격을 가했다. 우리 해군도 사격(40밀리미터 함포 250발 포함 4,950여 발 발사)을 가하여 직접적인 교전이 이루어졌으며, 이후 북한 군의 선박이 반파되어 북상하자 서해 북방한계선 남하 67분 만에 교전이 종료되었다. 이 교전으로 인해 북한은 함정이 반파되어 다른 함정에 예인되는 큰 피해를 입고 북상하였으며, 우리 해군은 함정 외부 격벽이 파손되었다.

천안함 피침

천안함 피침 사건이란 2010년 3월 26일 백령도 근처 해상에서 우리 해군 PCC-772 천안함이 북한 해군의 어뢰 공격으로 피침된 사건이다. 이 사건으로 우리 해군 40명이 사망했으며 6명이 실종되었다. 우리 정부는 천안함 침몰 원인을 규명할 민간·군 합동조사단을 구성하였는데, 한국을 포함해 오스트레일리아, 미국, 스웨덴, 인도네시아에서 파견된 70여 명의 전문가로 구성되었다.

합동조사단은 2010년 5월 20일에 "천안함이 북한 해군의 어뢰 공격으로 침몰한 것"이라고 발표하였다. 조사단은 발표문에서 "천안함은 어뢰에 의한 수중 폭발로 발생한 충격

파와 버블제트 효과(bubble jet effect)로 절단되었으며, 가스터
빈실 중앙으로부터 좌현 3미터, 수심 6~9미터에서 폭발하
였고, 무기 체계는 북한에서 제조한 고성능 폭약 250킬로그
램 규모의 어뢰로 확인되었다고 밝혔다. 이어 사건 발생 해
역의 작전 환경을 고려할 때 소형 잠수정으로 판단되며 주
변국의 잠수정은 모두 자국의 모기지 또는 그 주변에서 활
동하고 있었다. 그러나 서해의 북한 해군기지에서 운용되던
일부 소형 잠수정과 이를 지원하는 모선이 천안함 공격 2~
3일 전에 서해의 한 해군기지를 이탈하였다가 천안함 공격
2~3일 후에 기지로 복귀한 것이 확인되었으며, 폭발 지역
인근에서 수거된 어뢰의 부품들이 북한군 해군 무기와 일치
한다"라고 밝혔다.

이러한 조사 결과 발표는 미국과 유럽연합, 일본 외에 인
도 등 비동맹국들로부터도 지지를 받았다. 그러나 중국과 러
시아는 조사 결과를 신뢰하기 어렵다고 발표하고 북한 측
주장에 동조하거나 침묵으로 일관하였다. 2010년 5월 24일
이명박 대통령은 담화문을 통해 "대한민국을 공격한 북한의
군사도발로서 북한은 상응하는 대가를 치르게 될 것이며, 북
한의 책임을 묻기 위해 북한 선박이 우리 해역, 해상 교통로
이용을 불가하게 하고 남북간 교역을 중단하는 조처를 할
것이다"라고 천명하였다. 그러나 북한은 자신들과 관련 있

피격 2분 22초 후 침몰 상황   피격된 천안함 인양

는 일이 아니라고 강력히 부인하였고, 일부 남한의 종북 세력들은 이러한 북한의 주장에 부화뇌동하면서 북한 소행을 부인하고 남남갈등 조장 및 대북 경계심을 이완시켰다. 천안함 피침 사건은 북한의 대내외 상황이 악화되고, 남한의 대북 강경 정책과 현재의 한반도 구도에 대한 상황전환을 위해 한미 독수리 훈련의 기회를 이용하여 최고 권부의 지시로 기습 도발한 사건이라고 분석된다.

연평도 포격

2010년 11월 23일 우리 군이 호국 훈련의 일환으로 해상 사격 훈련을 서해 남쪽에서 실시하던 중 북한이 연평도 군부대 및 인근 민가에 포격을 했다. 북한은 당일 오전에 우리 군이 육해공 연합합동 훈련을 실시하는 것에 대해 자국을 공격하려는 것이 아니냐며 중단을 요청하는 전통문을 발송했다. 그러나 국방부는 연례적인 훈련일 뿐이라며 요청을 거절하고 예정대로 훈련을 진행하였다. 이후 오후 2시 30분 경(훈련 종료 1시간 정도 경과 후) 북한이 76.2밀리미터 평사포, 122밀리미터 방사포, 130밀리미터 대구경 포로 연평도 해병대 및 민가 지역을 향해 북한 개머리 해안부근 해안포 기지에서 포격을 시작하였다.

적 포격 13분 후에 우리 군의 K-9 자주포는 무도 진지에 50발, 개머리 포진지에 30발 등 총 80여 발을 사격하였다. 북한은 오후 3시 41분까지 약 170발을 공격한 것으로 파악되었다. 1시간 정도 교전이 지속되는 동안 한국은 KF-16기 2대와 F-15K 4대를 긴급 출격시켰으나 적의 도발이 계속되지 않아 실제 타격은 이루어지지 않았다. 또 백령도를 향한 북한군 해안포 기지에서 입구 개방이 확인되기도 하였으나 공격은 하지 않았다.

북한군의 포격으로 연평도에 거주하는 주민 2명과 해병대원 2명이 전사하고, 민간인 3명과 해병대원 16명이 중경상을 입었다. 인명 피해 외에도 연평도 내연발전소, 고압변전기가 파괴됐고 주택 21채가 불에 탔으며, 산불도 10곳 이상에서 발생했다.

연평도 포격은 6·25 전쟁 이후 처음으로 민간 지역까지 직접 포격을 했다는 점에서 과거 어떤 도발보다 심각한 도발이었다. 연평도 포격 도발은 북방한계선을 무력화하고 서

연평도 포격 상황

해 5도 지역을 분쟁 수역으로 만들기 위한 의도와 대내외 상황 악화, 천안함 피침 사건 이후 한미동맹 강화와 대북강경 정책에 대응하고 후계자 김정은의 권력세습 체제를 공고히 하기 위한 여건 조성 등과 같은 의도에서 도발한 것으로 판단된다. 북한의 의도를 좀더 자세히 분석하면 다음과 같다.

첫째, 김정은 후계 체제의 조기 구축을 위한 것으로 후계 구축 과정에서 대내외적으로 리더십을 과시함과 동시에 김정은에 대한 충성심 유도 차원에서 군부에 힘을 실어 주고, 주민들의 불만을 가라앉혀 내부 결속을 다지려는 의도로 볼 수 있다. 또한 우라늄 농축 시설을 공개하면서 대화 국면을 유도하였으나 실패하면서 좀더 강한 도발로써 국면을 전환하겠다는 전략으로도 분석할 수 있다.

둘째, 천안함 침몰 사건 이후 고립된 상황을 돌파하기 위해 한국과 미국을 겨냥한 도발이라고 할 수 있다. 호국 훈련에 대한 대응 의지를 보이기 위한 것과 북방한계선을 무력화하겠다는 의도가 있었다.

셋째, 포격 지역을 연평도로 선정한 이유는 서해 북방한계선은 북한이 보유한 해안포에서 공격하기에 적당한 지역이고 파급력도 크다는 점과 육지에 비해 확전 가능성이 적다는 점도 고려되었다고 판단된다.

북한의 땅굴 침투도발과 미사일 발사 위협

땅굴 침투도발 사례

땅굴 침투도발은 〈표-11〉에서와 같이 3회 시도된 것으로 파악되었다. 북한은 1968년 전 전선에 걸쳐서 남방한계선에 철책이 구축되어 철책을 뚫고 후방지역으로 침투하는 데 어려움에 처하게 되었다. 따라서 예전의 목책보다 극복하기 어려운 철책의 극복 수단으로 한 번 구축하면 장기적으로 사용이 가능한 소형 땅굴을 구축하여 침투하는 방법을 강구하였다.

이를 위해 처음 시도한 것이 1968년 미 제2사단 지역의

구분	계	1968	1970	1971	1974	1975	1978	1990
계	10	1	2	3	1	1	1	1
지역		파주	양구, 철원	연천, 인제, 고성	고랑포	철원	판문점	양구
비고		철책 침투용 소형 땅굴			남침용 땅굴			

〈표-11〉 북한의 철책 침투용 및 남침용 땅굴 현황

철책 하단을 굴토하여 아군 후방 지역으로 침투한 것이었다. 본격적인 소형 땅굴 구축은 1970년부터로 1970년 양구 가칠봉 후방과 철원 근북면 험석동 지역에서이다. 이후에도 1971년 연천, 인제, 고성 지역에서 각 1개소씩 3개소가 추가로 발견되는 등 주로 1970년과 1971년의 2년간에 걸쳐 집중 시도되었다. 이때 발견된 소형 땅굴의 규모는 지하 1~2미터에 폭이 0.8~1미터, 높이가 0.7~0.8미터에 불과하였으며, 1개 분대의 소규모 병력으로 구축할 수 있는 수준이었다.

북한이 전 전선에서 소형 땅굴을 구축하여 침투하려던 기도는 아군에게 조기에 발견되어 실패하였다. 그러자 북한은 철책 부근에서의 소형 땅굴 구축을 포기하고, 그 대신 보다 원거리인 북한 지역에서부터 대규모의 땅굴을 구축하기 시작하였는데 이것이 바로 1970년대 중반부터 발견되기 시작한 남침용 땅굴이다.

남침용 땅굴은 1974년 11월 발견된 서부전선 고랑포 제
1땅굴과 1975년 3월 철원 북방 제2땅굴, 1978년 10월 판
문점 제3땅굴, 1990년 3월 양구 제4땅굴이 있다. 이때 구축
된 고랑포 제1땅굴은 시간당 1개 연대 병력이 침투할 수 있
는 수준이며, 철원 북방 제2땅굴과 판문점 제3땅굴은 높이
와 폭이 각각 2미터에 달하는 대형 터널 수준으로 시간당 약
3만여 명의 병력과 야포까지 침투할 수 있는 수준이었다.

1974년 고랑포 제1땅굴

1975년 철원 부근의 제2땅굴

1978년 파주 장단면의 제3땅굴

남침 땅굴에 대한 서울시민 규탄대회

북한의 미사일 발사 위협

북한의 미사일 발사는 국가 안보에 심각한 위협이 되는 군사적 도발이다. 북한이 6·25 전쟁과 같이 기습적으로 한국을 공격할 경우, 미국으로부터의 증원전력 도착을 방해하고, 한반도를 전략적으로 고립시키기 위해 미사일을 사용할 가능성이 크다. 북한의 노동 미사일은 한반도 및 주변의 전략 목표를 모두 타격할 수 있고, '대포동 1호' 미사일은 일본, 괌의 미군 기지도 위협하며, '대포동 2호' 미사일은 미국 본토까지 위협할 수 있는 것으로 판단하고 있다.

미사일은 핵무기를 운반하는 수단으로서 핵탄두와 함께 핵무장의 필수 능력이라고 할 수 있다. 이러한 관점에서 북한은 세계 각국의 우려에도 불구하고 지난 2012월 4월 13일에 광명성 3호를 발사한 후부터 핵보유국임을 주장하고 있다. 북한이 미사일을 발사하는 의도는 대내적인 것보다는 대외적인 전략에 초점을 두고 있으며, 다음과 같은 목적과 배경이 있다.

첫째, 핵보유국의 지위를 획득하는 것이다. 북한은 2012년 6월부터 자체적으로 핵보유국임을 주장하고 있으나 세계 어느 국가도 이를 인정하지 않는다. 핵무장의 핵심은 장거리 미사일에 탑재한 운반 능력과 핵탄두 소형화 기술이다.

둘째, 미국에 대한 압박 카드이다. 핵무기보다 더 신경을 건드릴 수 있는 미사일 카드를 동원해서 앞으로 예상되는 북·미 직접대화의 주도권을 획득하겠다는 의도이다.

셋째, 남한의 대북 정책에 대한 변화 강압을 위한 것이다. 북한은 북방한계선 혹은 비무장지대 인근에서의 도발뿐만 아니라 미사일 발사를 통해 한국 사회에 큰 충격을 가함으로써 우리의 대북 정책에 변화를 유도하는 것이다.

북한의 미사일 발사 사례

북한이 최초로 미사일을 발사한 시기는 1993년 5월이다. 이때는 북한의 1차 핵위기가 고조되던 시기로, 북한은 미국의 압박에 대해 '준전시 상태 선포' '핵무기 확산 방지조약 탈퇴' 등 대응 강도를 높여 가던 중이었다. 그리고 2002년 10월 시작된 2차 북핵 위기 이후 2003년 2~4월에 단거리 미사일을 잇달아 발사하며 긴장 수위를 끌어올렸고, 2006년 7월에는 '대포동 2호'를 포함한 7발의 미사일을 발사하였다.

2006년 10월 핵실험으로 절정에 오른 북한의 핵위기는 2007년 2월에 열린 6자 회담의 '2·13 합의'로 일단 파국을 면하게 되었다. 2012년 4월 북한은 주변국과 유엔의 경고에도 아랑곳하지 않고 광명성 3호를 발사했으나 발사 몇 분 후 자체 폭발로 실패했다. 특히 광명성 3호 발사는 3대 세습 체제가 불안정하기 때문에 체제 안정을 위해 핵보유국이라는 상징성을 강하게 내세워 대내외적인 구심점으로 삼겠다는 의도였다고 판단된다. 북한의 미사일 발사 현황은 〈표-12〉 와 같다.

시 기	주 요 내 용
1993. 5.	'노동 1호' 시험 발사(SCUD–D형, 사거리 1,000킬로미터)
1998. 5.	'대포동 1호' 시험 발사('광명성 1호 인공위성' 발사 주장)
2005. 5.	동해상으로 소련제 단거리 미사일 'SS–21'의 개량형인 'KN–02' 발사(사거리 120킬로미터 추정)
2005. 6.	동해상으로 개량형 실크웜 지대함 추정 3발 발사
2005. 3.	동해상으로 소련제 'SS–21'의 개량형 미사일 2기 발사
2006. 7.	장거리 로켓 대포동 2호 발사, 3개월 후 1차 핵실험
2007. 5.	동해상으로 단거리 미사일 1발 발사(사거리 100킬로미터)
2007. 6.	서해상으로 미사일 1발, 동해상으로 'KN–02' 3발 발사
2008. 3.	함대함 단거리 미사일 발사, 개성 남측 당국자 추방
2008. 10.	공대함 단거리 미사일 발사, 김정일 건강 이상설
2009. 4.	'광명성 2호' 발사, 1개월 후 2차 핵실험 강행
2012. 4.	'광명성 3호' 발사, 최근 핵실험 및 핵보유국 주장

〈표–12〉 북한의 미사일 발사 현황

북한의 미사일 보유 현황

북한의 미사일 생산 및 보유 규모에 대해, 미국 국방정보국은 월 4~5발의 스커드(SCUD)-B 및 스커드-C 미사일을 생산할 수 있을 것으로 추청하고 있다. 이러한 정황으로 미루어 북한은 600여 기의 스커드 미사일을 보유하고 있는 것으로 분석하고 있다.[13] 북한이 보유하고 있는 미사일의 제원 및 보유 규모는 〈표-13〉과 같다.

구 분	SCUD-B	SCUD-C	노동	대포동 1호	중거리 미사일	대포동 2호
사거리 (킬로미터)	300	500	1,300	2,500	3,000	6,700 이상
탄두중량 (킬로그램)	1,000	770	700	500	650	650~1,000(추정)
보유 규모	600여 기		200	?	10~12	?
비 고	작전 배치	작전 배치	작전 배치	시험 발사	작전 배치	시험 발사

〈표-13〉 북한의 미사일 제원 및 보유 규모

북한은 4개의 미사일 공장과 12개 이상의 미사일 기지를 보유한 것으로 알려져 있다. 미사일 기지 중 무수단의 노동·대포동 기지와 1995년 완공된 청강읍 기지, 1998년 완공된 옥평·노동지구 기지 등은 일본을 겨냥한 것으로 파악되며, 비무장지대 50킬로미터 부근의 강원도에 위치한 지하리 기지는 스커드 미사일 발사 기지로 한국을 겨냥한 것으로 파악된다.

그리고 북한은 미사일을 운용하는 전담부대를 편성·운영하고 있으며, 1983년 미사일 시험 및 평가를 위한 특수부대를 창설한 이후, 1985년에는 최초의 지대지 미사일부대를 창설하였고, 1988년 황해도에 스커드-B 연대를 창설하였다.

북한의 대남 침투도발 변화 추이

연대별 침투도발 변화 추이

남북한은 정전협정서에 일체의 무력도발과 정전협정 규정을 위반하지 않도록 명시하고 있다. 그러나 북한은 정전협정 이후 대남 적화와 유리한 여건 조성을 위해 시공간을 초월하여 대남 침투도발을 감행하여 왔다. 특히 남북한 정상회담이 개최되고 화해협력시대가 열렸다고 대내외에 과시하면서, 개성공단, 금강산 관광 등의 교류협력이 전개되는 시기에도 서해교전을 유발하였고, 2010년도에는 불리한 대내

외 정세를 전환하기 위해 천안함 피침과 연평도 포격까지
감행하였다.

(출처: 합동참모대학, 「국지도발 대비작전 합동성 제고방안」, 세미나, 2010.7)

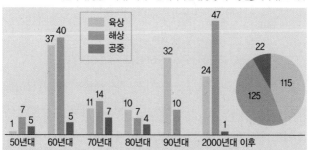

〈그림-1〉 정전 이후 주요 대남 침투도발 변화 추이

　〈그림-1〉은 북한이 6·25 전쟁 이후 정전협정을 위반한
사례를 포함한 주요 침투도발의 변화 추이를 제시한 것이
다. 시기별로 분석해 보면 1960년대 후반기에 접어들면서부
터 대남 침투도발이 격화되었으며, 1960년에서 1971년까지
88건으로 연 평균 7.33건의 침투도발이 있었다. 이 기간 중
발생했던 대표적인 사례로는 1968년 1월 21일 청와대 기습
사건과 1월 23일 미 해군 푸에블로 호 납치, 11월 울진·삼척
무장공비 침투 사건, 1969년 4월에 미 공군 EC-121 정찰기
격추 사건 등이다.

　이후 남북회담이 일시적으로 전개되었던 1970년대 초반

에 도발이 일시적으로 감소되었고, 1970년 중반 판문점 도끼만행 사건을 기점으로 대남 침투도발은 줄었지만 여러 개의 남침용 땅굴을 구축하여 남침 여건을 조성했다고 판단할 수 있다. 1980년대에도 미얀마 아웅산 테러나 대한항공 858편 공중 테러와 같은 도발은 있었지만 전반적인 주요 군사도발은 전체 평균보다 감소하였다.

탈냉전이 시작되는 1990년대를 들어서면서 대남 군사도발은 급격한 상승을 보여 왔으며, 2000년 남북 정상회담 이후에도 일관되게 대남 군사도발이 지속되었으며, 2010년도에는 국군과 우리 국민을 직접적으로 공격한 천안함 피격과 연평도 포격을 감행하였다. 연도별 주요 대남 침투도발 변화 추이는 〈그림-2〉와 같다.

(출처: http://www.songyoungsun.com)

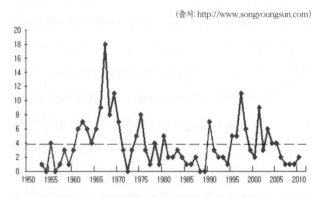

〈그림-2〉 연도별 주요 대남 침투도발 변화 추이

정전협정 체결 이후 북한의 대남 군사도발 횟수는 도발의 기준에 따라 유엔사 군사정전위원회(UNCMAC, UNC Military Armistice Commission)[14]와 대한민국 국방부, 그리고 합동참모본부의 통계상에서 많은 차이를 보인다. 유엔사 군사정전위원회에서 파악한 북한의 정전협정 위반 사례는 총 42만여 건이며, 주요 정전협정 위반 및 침투도발 사례는 2010년 말 기준으로 총 262회였다. 반면에 국방부와 합동참모본부의 주요 침투도발 횟수는 2010년 말 기준으로 총 2,660회와 2,720회로 파악하고 있다.[15] 이와 같이 대남 침투도발과 관련된 통계 자료가 관련 기관별로 차이가 발생되는 이유는 기관별 침투도발과 관련된 개념이나 정의와 관련된 차이 때문이다. 본 집필에서는 정전협정에 근거한 유엔사 군사정전위원회 통계 자료를 인용하였으며, 주요 침투도발 사례는 정전협정 위반과 군사 및 비군사적 대남 도발을 기준으로 산정하였다.

연대별 침투도발 유형별 양상

　정전 이후 북한의 주요 대남 도발 2,720여 건을 유형별로 분석하면 〈표-14〉와 같다.[16]

구분	총 계	육 상	해 상	공 중	기 타
계	2,720여 건	1,190여 건	1,431건	43건	56여 건

〈표-14〉 주요 대남 도발 유형별 현황

침투 수단 및 방법별로는 〈표-14〉와 같이 ① 항공기의 피랍 및 격추 ② 함정 및 어선의 피랍 및 격침 ③ 지상 간첩 또는 무장공비의 침투 ④ 해상 간첩 및 무장공비의 침투 ⑤ 북방한계선 월선 및 무력 충돌 ⑥ 화력에 의한 도발 ⑦ 인명 살상 및 시설 폭파 등의 테러 ⑧ 기타 땅굴 침투를 위한 굴설과 무력시위 등이다. 침투도발 양상은 다음과 같다.

첫째, 항공기와 함정, 어선의 피랍 및 격추(침)는 주로 북한의 영공이나 영해를 고의 또는 우발적으로 침범했을 때나 정찰 및 정보 수집을 했을 때 감행되었지만 대한항공 858기의 폭파나 천안함의 피침 같은 경우에는 북한 영토의 침범과 관계없이 만행을 저질렀다.

둘째, 간첩이나 무장공비의 침투도발은 지상 및 해상으로 간첩 침투 및 복귀, 군사정찰을 하거나 울진·삼척의 경우처럼 대규모로 침투하여 국가적 행사를 방해하거나 남한사회 혼란, 대남 적화혁명 여건을 조성하기도 하였으며, 청와대를 기습하여 대한민국에 공황을 유발시키기도 했다.

셋째, 북한은 북방한계선을 인정하지 않고 그들이 주장하는 영해로 우리 군의 경비정이 진입 시에 침범으로 간주하고 3차례에 걸쳐 해전을 일으켰다. 한편 우리 영해 내로 잠수함(정)으로 은밀하게 침투도발하였다.

넷째, 테러는 대통령을 저격하려는 등의 요인 암살과 국립묘지와 김포공항 등 주요 시설 폭파로 남한 내 불안을 조성하고 세계 여론을 환기시키고자 하였다.

다섯째, 기타 전면전과 평시 은밀 침투를 위하여 김일성의 명령에 따라 전 전선에서 침투용 소형 땅굴 및 남침용 대형 땅굴을 굴설하였고, 그중 10개가 발견되었다. 또한 판문점 공동경비구역(JSA, Joint Security Area) 내에서 무장병력에 의한 시위도 있었다.

시대별 대내외정세와 침투도발 특징

정전협정 이후 북한의 대남 도발의 연대별 현황은 〈표-15〉와 같다. 1953년 휴전 이후 북한의 주요 정전협정 위반 2,720회 중 침투도발이 1959건으로 66퍼센트에 달했고, 나머지는 모두 테러와 납치, 기타 정전협정 위반 사례였다. 연대별로 도발 건수를 비교해 보면 1960년대 도발이 가장 빈번하게 발생했고, 1990년대와 2000년대에 급증하였다가 다시 감소하는 추세를 보이고 있다. 1960년대 도발 중 222건

구분	총계	1950/1960년대	1970년대	1980년대	1990년대	2000년대	2010년대
총계	2,720	1,412	409	228	231	292	48

〈표-15〉 연대별 도발 건수

은 판문점에서 미군을 대상으로 발생하였으며, 1990년대와 2000년대의 도발은 북한 경비정이 북방한계선을 침범하는 해상 도발이 주를 이루었다.

북한의 대남 도발은 시대적 대내외 정세를 토대로 연대별로 다음과 같은 특징을 보이면서 전개되었다.

첫째, 1960년대에 북한은 남한 및 미국에 대한 과감한 도발을 감행하였다. 이는 냉전체제 완화 등 세계적인 동서화해 무드 속에서 한반도 위기사태 발생 시 미국의 반응 정도와 남한의 방어 태세에 대한 강도를 확인하려는 의도였다. 그리고 북한의 군사력 수준 우위를 이용한 대남 적화 무력통일 야욕을 달성할 목적이었다.

둘째, 1970년대는 중국의 유엔 가입 등 전 세계적으로 화해 무드가 고조되고 있었고, 북한은 김정일의 세습 체제가 진행되고 있었으며, 남한은 경제개발 추진 가속화와 동시에 유신정권에 대한 불만이 팽배하였다. 이런 시대적 배경에 의해 남북 대화제의, 이산가족 상봉 등 화전양면전술을 병행하였다.

셋째, 1980년대는 미·중 군사교류 재개 등 평화 무드가 조성되었고, 북한은 김정일 세습 체제가 본격화되는 시기이고, 남한은 88서울올림픽 개최 등 국제적 위상 격상과 비약적 경제발전이 이루어지고 있었다. 이런 상황에서 아웅산 폭파 사건, 대한항공 858기 폭파 사건 등 테러 공격과 어민과 어선 납치 사건 등 비군사적 도발이 증폭되었다.

넷째, 1990년대는 공산권의 붕괴, 남북한 동시 유엔 가입으로 냉전이 종식되고, 북한의 심각한 경제난, 식량난, 외교적 고립 심화와 더불어 남한의 햇볕정책으로 화해 분위기가 조성되었다. 이런 시대적 배경으로 북한은 국제적 지원을 이끌어 내기 위한 협상 수단과 김정일 체제 유지를 위해 군사력을 이용한 '벼랑끝 전술'을 구사하였고, 남한사회의 혼란을 조성하기 위한 도발을 전개하였다.

다섯째, 2000년 이후는 남북정상회담과 남북한 화해 무드 등을 이용해 북방한계선 무력화를 위한 도발, 해킹 및 사이버 심리전 등을 통한 남한사회 혼란 조성, 체제 불안과 대내외의 어려운 상황에 대한 관심 전환과 대북 정책 변화를 강압하는 정치 전략적 도발을 전개하였다. 그러나 2010년대 이후에 북한은 3대 세습 체제 진행, 강성국가 건설을 위해 대내외적으로 가시적 성과 달성의 필요성이 제기되었고, 남한에서는 대북 강경 정책을 펴고 종북 세력이 준동하였다.

북한은 이런 상황을 계기로 전통적인 침투, 테러리즘 도발에서 천안함 피격, 연평도 포격 도발 등 기습적이고 직접적인 타격을 감행하였다. 아울러 사이버 심리전, 전자전 공격, 간첩활동 지원 등 간접적인 도발도 전개하는 특징이 있었다.

결론적으로 북한의 침투 및 도발은 과거에는 군사분계선이나 해상을 통한 공작원의 직접침투와 군사분계선 일대에서의 침투 및 습격, 총격도발 위주로 실시되어 왔다. 그러나 1990년대 후반 이후부터 최근까지는 탈북자, 밀입국자, 외국인 등을 가장한 우회침투와 사이버상의 공격, 백령도를 비롯한 서해 5도 일대에서의 기습적인 무력도발이 증가하고 있다. 이처럼 북한의 침투 및 도발 행위는 다양한 영역과 공간에서 우리가 예측하기 곤란한 새로운 수단과 방법으로 기습적이고 기만적인 형태의 다양한 도발 스펙트럼으로 변화되고 있다.

북한의 대남 도발에 대한 교훈과 시사점

북한이 과거 60년 동안 정전협정을 위반하고, 다양한 수단 방법으로 침투도발을 한 사례를 분석한 결과 다음과 같은 교훈과 시사점을 도출할 수 있다.

첫째, 도발 목적과 의도이다. 북한은 과거의 60년 동안 각종 군사적·비군사적 도발을 감행하였다. 이 중 8·18 도끼 만행 사건을 제외하고는 적어도 북한의 대남공작 및 군부의 최고기관의 지시에 의해 계획적으로 감행되었다. 이러한 북한 최고기관의 지시에 따른 침투도발은 곧 대남 적화혁명 전략 목표를 구현하기 위해 유리한 여건을 조성하려는 것이다.

둘째, 도발 동기 및 시점이다. 북한의 침투도발은 사전에 능력과 준비에 관계없이 침투도발 목적과 동기가 도래되면 상황을 조성해서라도 언제라도 감행하였다. 침투도발의 동기와 시점은 북한의 대내외 상황 악화, 주민들의 체제 불만 증폭으로 관심 전환이 필요할 때, 권력 세습의 유리한 여건 조성 및 권력 세습 체제 공고화를 위한 여건 조성이 필요할 때, 남북한의 대내외적 경쟁에서 상대적으로 격차가 심화되어 남한의 우월적 위상을 훼손시킬 필요가 있을 때, 남한·미국 등 적대적 국가와의 협상에서 유리한 여건 조성이 필요할 때, 중국·러시아의 지원과 국제적 관심이 요구될 때와 같은 상황적 시점이었다고 식별되었다.

셋째, 국지도발의 수준 및 강도이다. 2010년도 이전의 도발과 테러는 주로 무장공비 침투 후 특수임무를 수행하는 수준이었고, 군사적 도발이었다. 하지만 2010년도 연평도 포격 도발과 농협 전산망 해킹 등에서는 민간인 살상과 비군사적 영역까지 도발의 대상으로 포함하였다. 앞으로도 북한은 군사적 및 비군사적 수단으로 민간 영역이나 사회기반시설 등의 구분 없이 도발할 것이다. 다만 그 수준과 강도 면에서는 도발 목적과 의도를 달성하면서 전면전이나 한·미군이 선제공격할 수 있는 빌미는 회피하는 범위까지 한정될 것이다. 또한 국지도발로 인해 북한 내 급변 사태로 비화되거나 심각한 국제적 고립과 중·러 지원 단절 상황 등 도발의 역효과가 일어나지 않는 수준 이내에서 도발할 것으로 판단된다.

넷째, 북한군의 국지도발은 전략이다. 북한은 '선(先) 감수할 위험, 후(後) 효과 극대화, 차후(此後) 성공 가능성, 최후(最後) 역대응'이라는 전략개념을 추구하고 있다.

'선(先) 감수할 위험 전략'이란 국지도발 수준과 강도는 우선 결정한 다음 침투도발 수준 및 강도 범위 내에서 감행된다는 개념이다.

'후(後) 효과 극대화 전략'이란 기습과 부수적 효과를 최대한 발생시켜 남한사회에 많은 피해와 후유증이 발생하도록 유도하는 것이다. 즉 정부나 군이 기습을 당해 대비 및 대응 시스템이 마비되고, 도발 주체를 식별할 수 없도록 은폐 및 기만하여 적시적 대응을 하지 못하게 하거나 남남갈등과 남한의 사회적 취약점이 악화되도록 하는 전략이다.

'차후(此後) 성공 가능성 전략'이란 도발의 성공 여건을 위해서는 남북한의 상황을 연계시키면서, 예기치 못한 수단 방법으로 도발을 하고 심리전을 병행하여 지원세력까지 확보하여 성공할 수 있는 여건을 최대한 조성하는 것이다.

'최후(最後) 역대응 전략'이란 남한이 조직적이고 적시적으로 대응할 수 없도록 하고, 남한이 대응작전을 할 때는 군사 및 비군사적 수단과 방법을 통해 역대응하여 남한의 대응효과를 최소화하고자 하는 것이다. 또한 북한의 도발이 실패했을 때를 고려하여 남한의 응징과 국제적 고립 등 후유증을 최소화하고자 하는 전략이다.

맺으며

북한은 정전 이후 지금까지 한반도 적화통일이라는 목표를 달성하기 위한 수단 방법으로 대남 침투도발을 다음과 같은 양상으로 전개하였다.

첫 번째는 시간과 장소를 가리지 않았다. 그들은 필요에 따라 유리하다고 판단되는 시간을 선택하였으며, 지상, 해상, 공중, 국내, 해외를 불문하고 장소를 가리지 않았다. 두 번째는 수단과 방법과 대상을 가리지 않았다. 즉 함정, 항공기, 포, 납치, 폭파 등 다양한 수단 방법을 동원하였고, 대상도 국군과 미군뿐만 아니라 남한 국민과 최고지도자를 가리지 않았다. 세 번째는 형태가 다양해지고 도발 강도와 위협

수준이 점증되었다. 최초에는 특수공작원이나 간첩 등 소수 인원의 침투공작으로부터, 수십 명의 침투도발, 우리 함정을 향한 공격, 그리고 우리 영토와 국민들을 향한 직접공격으로 그 형태가 더욱 악랄해지고 강도도 높아졌다. 네 번째는 도발을 은폐하고 효과를 극대화하기 위해 위장평화공세와 긴장조성 등 대화공세를 병행하는 이른바 '화전양면전술'을 전개하였다.

북한의 침투도발은 향후에도 침투도발 시점과 전개 양상을 예측하기가 대단히 어렵다. 왜냐하면 북한의 침투도발은 앞서 살펴보았듯이 침투도발을 통해 얻고자 하는 목적이 복합적이라는 특성과 생존 전략의 일환으로 북한의 대내외 정세에 따라 감행되고 있다. 앞으로도 북한은 핵과 미사일 위협, 서해 5도에 대한 타격 등 군사적 위협의 수준을 더욱 높여갈 것이다. 뿐만 아니라 해킹, 전자전, 대남공작과 선전공작의 심리전 등 비군사 분야의 위협도 적극적으로 전개할 것으로 예상된다.

이와 같은 상황에서 북한의 군사적 위협과 침투도발에 대하여 우리는 다음과 같은 대비태세가 요구된다.

첫째, 북한의 대남 침투도발에 대한 실체와 의도를 간파해야 한다. 특히 위장평화전술과 병행하여 전개되는 대남 침투도발에 대한 경각심을 갖도록 하고, 침투도발 시 확전(擴

戰)을 감수하더라도 강력한 응징을 하겠다는 국가 및 군 지도자들의 결단성과 국민적 의지가 있어야 한다. 이러한 결단성과 의지는 사소한 위협과 침투도발에도 적용되어 북한 도발자들이 인식하고 오판하지 않도록 해야 한다.

둘째, 북한은 미군이 한반도에 주둔하고 있는 한 전면전을 통한 적화통일은 어렵다고 인식하고 있는 것으로 판단된다. 따라서 자주, 평화협정이라는 것을 내세워 미군철수를 획책하고 있다. 한미동맹 체제는 불안정성이 고조되고 있는 동북아의 안보정세에 있어서 한국의 지속적인 국가발전 전략의 동력이며, 한반도의 평화통일 전략의 여건 조성을 위한 성격을 지니고 있다. 따라서 한미동맹의 견고성을 유지시키고 한미 연합전력을 활용하여 대남 도발의 억제력을 강화해야 한다.

셋째, 북한의 군사적 도발에 대한 국제사회의 협력을 강화하여 대응하는 것이 중요하다. 북한의 천안함 및 연평도 도발과 3차 핵실험 이후 국제사회와 공조하에 제재를 강화한 것은 북한의 도발 의지를 억제하는 데 효과가 있었다고 본다. 특히 중국은 북한이 한반도 긴장을 고조시키는 모험적인 행동을 하는 것에 대해 상당한 거부감을 갖고 있는 것으로 보인다. 따라서 중국과의 협력을 강화하여 북한의 도발을 억제하는 노력이 필요하다.

결론적으로 북한은 대남 적화통일을 위해 언제라도 8 · 18 도끼만행 사건, 강릉 무장공비 침투, 대한항공 여객기 폭파, 연평도 포격 도발과 같은 대남 도발을 감행할 수 있다. 따라서 정전 이후 60년 동안 계속되어 온 대남 도발에 대한 교훈을 되새기면서 비정상적 3대 세습 체제의 실체를 간파하고 대비 태세와 응징 의지를 강화하는 것이 우리에게 주어진 역사적 사명이라고 본다.

북한의 주요 대남도발 일지

1957년

11월 11일   우리 어선 8척 납치

1958년

2월 16일   대한민국항공사(KNA) 납치
4월 10일   C-46 수송기 납북 시도
4월 24일   조기잡이 어선 1척 납치
6월 8일   서해 무장간첩선(사살 3, 체포 1)
9월 8일   동해 무장간첩선(사살 2, 체포2)
10월 6일   인천 무장간첩선(체포 4)

1959년

7월 27일   무장선박 격침(사살 5, 체포 2)
8월 9일   북한군 우리 어선 7척 납치

1966년

5월 17일   진주 덕이마을 무장공비 침투

1967년

1월 19일   해군 당포함 격침
4월 12일   중부전선 교전
4월 12일   화천군 비무장지대 침투
4월 17일   격렬비열도 간첩선 격침
4월 22일   서부전선 미군막사 폭파
5월 21일   강릉 고단지구 무장공비 침투
5월 27일   연평도 근해 어선 포격
8월 7일   대성동 미군트럭 기습

8월 10일	서부전선 군용트럭 기습
8월 28일	판문점 미군막사 기습
9월 5일	경원선 폭파
9월 13일	경의선 폭파

1968년

1월 21일	1·21 사태
1월 23일	푸에블로 호 피랍
11월 2일	울진-삼척 무장공비 침투

1969년

3월 16일	주문진 무장간첩
4월 15일	EC-121 격추
6월 9일	1차 흑산도 간첩선 격침
10월 23일	2차 흑산도 간첩신 격침
12월 11일	대한항공 YS-11기 납북

1970년

| 6월 5일 | 해군 방송선 피랍 |
| 6월 22일 | 현충문 폭파 미수 |

1971년

| 1월 23일 | 대한항공 F-27기 납북 미수 |
| 6월 1일 | 소흑산도 근해 간첩선 격침 |

1973년

| 3월 7일 | 철원군 DMZ 총격 |

1974년

| 5월 20일 | 추자도 무장공비 침투 |
| 6월 28일 | 해경 863경비함 격침 |

8월 15일   박정희 대통령 저격 미수
11월 5일   남침용 땅굴 발견

1975년
6월 30일   헨더슨 소령 구타

1976년
8월 18일   판문점 도끼만행

1978년
1월 14일   배우 최은희 납치
7월 19일   영화감독 신상옥 납치
11월 4일   광천지구 무장간첩 침투

1981년
6월 29일   필승교 무장공비 침투
8월 26일   SR-71 정찰기 피격

1982년
5월 15일   저진 해안 무장공비 침투

1983년
6월 19일   임월교 무장공비 침투
8월 4일   월성 해안 무장공비 침투
8월 13일   독도 근해 간첩선 격침
10월 9일   아웅산 묘소 폭탄 테러
12월 3일   다대포 무장공비 침투

1985년
10월 19일   청사포 간첩선 격침

1986년

9월 14일　　김포국제공항 폭탄 테러

1987년

11월 29일　　대한항공 858편 폭파

1992년

5월 22일　　DMZ 은하 계곡 무장공비 침투

1995년

10월 17일　　임진강 무장공비 침투
10월 24일　　부여 간첩 침투

1996년

9월 18일　　강릉 무장공비 침투

1997년

7월 16일　　철원 GP 교전
10월　　　　최정남, 강연정 부부간첩

1998년

6월 22일　　속초 앞바다 무장공비 침투
7월 12월　　동해 무장공비 사체 발견
11월 19일　　강화도 간첩선 침투
12월 17일　　여수해안 간첩선 격침

1999년

6월 15일　　제1연평해전

2002년

  6월 29일   NLL 침범, 제2연평해전

2004년

  10월 26일   연천군 GOP 철책선 침투

2005년

  2월 10일   핵무기 보유 선언

2006년

  7월 5일   장거리 미사일 대포동 2호 발사
  10월 9일   제1차 핵실험 강행

2008년

  7월 11일   금강산 관광객 피격 사망

2009년

  4월 5일   광명성 2호 발사
  5월 25일   제2차 핵실험
  11월 10일   대청해전

2010년

  3월 26일   천안함 피격
  11월 23일   연평도 포격 도발

2012년

  4월 13일   광명성 3호 발사

2013년

  2월 12일   제3차 핵실험

주

1) 본 항은 역사적 사실과 국제적 협정조인 내용으로서 국방부 군사 편찬연구소에서 발간한『6·25 전쟁사 시리즈 11권』, 국방부, 2013, pp. 712-718을 재정리한 것임.

2) 「정전협정」 제1조(군사분계선과 비무장지대) 제2항 및 제3항.

3) 「정전협정」 제2조(정화 및 정전의 구체적 조치) 제13항.

4) 국방대학교,『건군 50년 한국 안보환경과 국방정세』, 국방대학교, 1988, p.79.

5) 육군본부 군사연구소,『대침투시리즈 Ⅲ』육군본부, 2011, pp.16-18를 재정리.

6) 국방대학교 안보문제연구소, 앞의 책, pp.33-34.

7) 4대 군사노선은 전 인민의 무장화, 전 국토의 요새화, 인민군대의 간부화, 장비의 현대화이다.

8) 육군본부,『침투 사건편람Ⅱ집('53~'68)』, 1986, p.866과 육군본부, 『침투 사건 편람Ⅲ집('69~'76)』, 1990, p.793을 참조하여 육군본부 군사연구소에서 재정리한 것을 인용함.

9) 육군본부,『침투 사건편람 Ⅱ집』(1986)과『침투 사건편람 Ⅲ집』 (1990) 등을 참고하여 재정리한 것임.

10) 해군본부,『해상대침투작전사』, 1988, p.71.

11) 1969년 7월 25일 미국의 닉슨 대통령이 밝힌 아시아에 대한 외교정책으로 주요 내용은 "베트남과 같은 군사개입을 피한다"라는 것과 "아시아 제국의 내란이나 침략은 아시아 각국이 협력하여 대처하도록 한다"라는 것이었다. 즉 아시아의 방위는 아시아인의 힘으로 해결하라는 것으로 월남 철수와 주한미군의 일부 철수로 나타났다.

12) 국방대학교,『건군 50년 한국 안보환경과 국방정책』, 1998, p.249.

13) 한국국방연구원,『2008년 전반기 북한군사정세 분석』, 2008.7, pp.19-23.

14) 1953년 7월 27일 이후 정전협정 체제를 운영 및 유지하는 실질적

기구로서 남북간 유일한 군사문제 협의 창구 역할을 하였다.

15) 합동참모본부, 『북한 대남 침투 및 도발 사례집』, 합참 정보본부, 2011, pp.4-5.

16) 국방부의 『2010 국방백서』와 육군본부 군사문제연구소의 『대침투작전사 시리즈』를 토대로 분석하였음.

참고문헌

국방대학교, 『긴고 50년 한국 안보환경과 국방정책』, 국방내학교, 1998.

국방부, 『2012 국방백서』, 정책기획관실, 2012.

국방부, 『국방사 제3권』, 군사편찬연구소, 1990.

국방부, 『한미 군사관계사 1871~2002』, 군사편찬연구소, 2003.

국방부, 『6·25 전쟁사 11권』, 군사편찬연구소, 2011.

김기령, 『남북화해기 북한 대남 군사도발』, 고려대학교대학원, 2008.

김만수, 『전쟁론 : 제1권』, 도서출판 갈무리, 2008.

김열수, 『국가안보 : 위협과 취약성의 딜레마』, 법문사, 2010.

김태준 외, 『북한의 NLL 침범 사례』, 국방대 안보문제연구소, 2004.

문순보, 『북한의 도발환경 비교분석』, 세종연구소, 2012.

박창권, 『천안함 피격사건의 교훈』, 국방대 안보문제연구소, 2011.

백종천, 『한반도의 위기관리』, 도서출판 갈무리, 2008.

세종연구소, 『통계로 보는 남북한 변화상 연구』, 세종연구소, 2011.

스나이더·폴디싱, 나갑수 옮김, 『위기협상』, 국방대학원, 1992.

육군본부 군사문제연구소, 『대침투 작전사 시리즈 1~4집』, 2010.

육군본부 군사문제연구소, 『육군역사사진첩 : 1945~1990』, 1991.

이정훈, 『천안함 정치학』, 마당, 2012.

조선노동당출판사, 『김일성저작선집』, 4권, 1968.

척 다운스, 송승준 역, 『북한의 협상전략』, 한울아카데미, 2011.

한국언론인클럽, 『북괴 40년 도발사』, 1987.

합동참모본부 정보본부, 『군사정전위원편람 제7집』, 군정위연락단, 2006.

합동참모본부 정보본부, 『북한 대남 침투 및 군사도발 사례집』, 합동참모본부, 2011.

합동참모본부, 『북한 대남 침투도발 사례집』, 합참 정보본부, 2011.

Long, Austin G., Deterrence, From Cold War to Long War, Santa Monica, Calif.: RAND Corporation, 2008.

Narushige Michishita, North Korea's Military-Diplomatic Campaign, 1966-2008, Routledge, New York, 2010.

송영선 보도자료, "휴전협정 이후 북한 주요 도발 현황" http://www. songyoungsun.com 검색일자: 2012.10.10.

통일부 남북회담본부 http://dialogue.unikorea.go.kr 검색일: 2002.10.20.

연합뉴스, 2012년 3월 18일.

「동아일보」, 2011년 7월 4일.

「조선일보」, "국방개혁 307 계획 뭘 담았나?", 2011년 3월 8일.

「한국일보」, 2006년 12월 8일.

북한「노동신문」, 2012년 4월 12일.

북한 대남 침투도발사

| 펴낸날 | 초판 1쇄 2014년 8월 29일 |
| | 초판 2쇄 2018년 9월 7일 |

지은이	이윤규
펴낸이	심만수
펴낸곳	(주)살림출판사
출판등록	1989년 11월 1일 제9-210호

주소	경기도 파주시 광인사길 30
전화	031-955-1350 팩스 031-624-1356
홈페이지	http://www.sallimbooks.com
이메일	book@sallimbooks.com

| ISBN | 978-89-522-2930-4 04080 |
| | 978-89-522-0096-9 04080(세트) |

이 도서의 국립중앙도서관 출판시도서목록(CIP)은 서지정보유통지원시스템 홈페이지
(http://seoji.nl.go.kr)와 국가자료공동목록시스템(http://www.nl.go.kr/kolisnet)에서
이용하실 수 있습니다.(CIP제어번호: CIP2014023673)

085 책과 세계

강유원(철학자)

책이라는 텍스트는 본래 세계라는 맥락에서 생겨났다. 인류가 남긴 고전의 중요성은 바로 우리가 가 볼 수 없는 세계를 글자라는 매개를 통해서 우리에게 생생하게 전해 주는 것이다. 이 책은 역사라는 시간과 지상이라고 하는 공간 속에 나타났던 텍스트를 통해 고전에 담겨진 사회와 사상을 드러내려 한다.

056 중국의 고구려사 왜곡　eBook

최광식(고려대 한국사학과 교수)

중국의 고구려사 왜곡의 숨은 의도와 논리, 그리고 우리의 대응 방안을 다뤘다. 저자는 동북공정이 국가 차원에서 진행되는 정치적 프로젝트임을 치밀하게 증언한다. 경제적 목적과 영토 확장의 이해관계 등이 복잡하게 얽혀 있는 동북공정의 진정한 배경에 대한 설명, 고구려의 역사적 정체성에 대한 문제, 고구려사 왜곡에 대한 우리의 대처방법 등이 소개된다.

291 프랑스 혁명　eBook

서정복(충남대 사학과 교수)

프랑스 혁명은 시민혁명의 모델이자 근대 시민국가 탄생의 상징이지만, 그 실상을 아는 사람은 많지 않다. 프랑스 혁명이 바스티유 습격 이전에 이미 시작되었으며, 자유와 평등 그리고 공화정의 꽃을 피기 위해 너무 많은 피를 흘렸고, 혁명의 과정에서 해방과 공포가 엇갈리고 있었다는 등의 이야기를 통해 프랑스 혁명의 실상을 소개한다.

139 신용하 교수의 독도 이야기　eBook

신용하(백범학술원 원장)

사학계의 원로이자 독도 관련 연구의 대가인 신용하 교수가 일본의 독도 영토 편입문제를 걱정하며 일반 독자가 읽기 쉽게 쓴 책. 저자는 역사적으로나 국제법상으로 실효적 점유상으로나, 어느 측면에서 보아도 독도는 명백하게 우리 땅이라고 주장하며 여러 가지 역사적인 자료를 제시한다.

144 페르시아 문화

eBook

신규섭(한국외대 연구교수)

인류 최초 문명의 뿌리에서 뻗어 나와 아람을 넘어 중국, 인도와 파키스탄, 심지어 그리스에까지 흔적을 남긴 페르시아 문화에 대한 개론서. 이 책은 오랫동안 베일에 가려 있던 페르시아 문명을 소개하여 이슬람에 대한 편견과 오해를 바로 잡는다. 이태백이 이란계였다는 사실, 돈황과 서역, 이란의 현대 문화 등이 서술된다.

086 유럽왕실의 탄생

김현수(단국대 역사학과 교수)

인류에게 '예술과 문명' 그리고 '근대와 국가'라는 개념을 선사한 유럽왕실. 유럽왕실의 탄생배경과 그 정체성은 무엇인가? 이 책은 게르만의 한 종족인 프랑크족과 메로빙거 왕조, 프랑스의 카페 왕조, 독일의 작센 왕조, 잉글랜드의 웨섹스 왕조 등 수많은 왕조의 출현과 쇠퇴를 통해 유럽 역사의 변천을 소개한다.

016 이슬람 문화

이희수(한양대 문화인류학과 교수)

이슬람교와 무슬림의 삶, 테러와 팔레스타인 문제 등 이슬람 문화 전반을 다룬 책. 저자는 그들의 멋과 가치관을 흥미롭게 설명하면서 한편으로 오해와 편견에 사로잡혀 있던 시각의 일대 전환을 요구한다. 이슬람교와 기독교의 관계, 무슬림의 삶과 낭만, 이슬람 원리주의와 지하드의 실상, 팔레스타인 분할 과정 등의 내용이 소개된다.

100 여행 이야기

eBook

이진홍(한국외대 강사)

이 책은 여행의 본질 위를 '길거리의 철학자'처럼 편안하게 소요한다. 먼저 여행의 역사를 더듬어 봄으로써 여행이 어떻게 인류 역사의 형성과 같이해 왔는지를 생각하고, 다음으로 여행의 사회학적 · 심리학적 의미를 추적함으로써 여행에 어떤 의미를 부여할 것인가에 대해 말한다. 또한 우리의 내면과 여행의 관계 정의를 시도한다.

293 문화대혁명 중국 현대사의 트라우마   `eBook`

백승욱(중앙대 사회학과 교수)

중국의 문화대혁명은 한두 줄의 정부 공식 입장을 통해 정리될 수
없는 중대한 사건이다. 20세기 중국의 모든 모순은 사실 문화대
혁명 시기에 집약되어 있다고 해도 과언이 아니다. 사회주의 시기
의 국가·당·대중의 모순이라는 문제의 복판에서 문화대혁명을
다시 읽을 필요가 있는 지금, 이 책은 문화대혁명에 대한 안내자
가 될 것이다.

174 정치의 원형을 찾아서   `eBook`

최자영(부산외국어대학교 HK교수)

인류가 걸어온 모든 정치체제들을 매우 짧은 기간 동안 시험하고
정비한 나라, 그리스. 이 책은 과두정, 민주정, 참주정 등 고대 그리
스의 정치사를 추적하고, 정치가들의 파란만장한 일화 등을 소개
하고 있다. 특히 이 책의 저자는 아테네인들이 추구했던 정치방법
이 오늘 우리 사회가 당면한 문제를 해결할 수 있는 지혜의 발견
에 도움을 줄 수 있을 것이라고 말한다.

420 위대한 도서관 건축순례   `eBook`

최정태(부산대학교 명예교수)

이 책은 도서관의 건축을 중심으로 다룬 일종의 기행문이다. 고대
도서관에서부터 21세기에 완공된 최첨단 도서관까지, 필자는 가
능한 많은 도서관을 직접 찾아보려고 애썼다. 미처 방문하지 못한
도서관에 대해서는 문헌과 그림 등 가능한 많은 정보를 수집하려
노력했다. 필자의 단상들을 함께 읽는 동안 우리 사회에서 도서관
이 차지하는 의미에 대해 다시 생각하게 된다.

421 아름다운 도서관 오디세이   `eBook`

최정태(부산대학교 명예교수)

이 책은 문헌정보학과에서 자료 조직을 공부하고 평생을 도서관
에 몸담았던 한 도서관 애찬가의 고백이다. 필자는 퇴임 후 지금
까지 도서관을 돌아다니면서 직접 보고 배운 것이 40여 년 동안
강단과 현장에서 보고 얻은 이야기보다 훨씬 많았다고 말한다.
'세계 도서관 여행 가이드'라 불러도 손색없을 만큼 풍부하고 다
채로운 내용이 이 한 권에 담겼다.

eBook 표시가 되어있는 도서는 전자책으로 구매가 가능합니다.

㈜살림출판사
www.sallimbooks.com
주소 경기도 파주시 문발동 522-1 | 전화 031-955-1350 | 팩스 031-955-1355